地方自治ジャーナルブッ

自治体職員が知っておくべき
マイナンバー制度
50項

高村　弘史

公人の友社

目　次

はじめに………………………………………………………………… 5
この本の対象者………………………………………………………… 6
この本の使い方………………………………………………………… 6

1　マイナンバー制度について………………………………………… 7

Q 1　マイナンバー制度って何ですか？……………………………… 8
Q 2　マイナンバー制度のしくみを教えてください………………… 10
Q 3　マイナンバー制度で何が変わるのですか？…………………… 12
Q 4　マイナンバー制度のスケジュールを教えてください………… 16
Q 5　マイナンバー制度の心配ごとには何がありますか？………… 18
Q 6　個人情報がもれるのではないか？……………………………… 20
Q 7　自分の情報が成りすましされないのか？……………………… 22
Q 8　個人情報が国に一元管理されるのではないか？……………… 24
Q 9　マイナンバー制度で便利になることは
　　　　　　　　　　　　　どんなことがありますか？……… 27
Q 10　たらいまわしがなくなると聞きましたが？…………………… 28
Q 11　いろいろな手続きに利用できると聞きましたが？…………… 30
Q 12　自己証明が簡単にできると聞きましたが？…………………… 32
Q 13　マイナンバー制度には適用範囲があるのですか？…………… 34
Q 14　マイナンバー制度の法的な根拠について教えてください …… 36
Q 15　マイナンバー制度の罰則について教えてください…………… 38
Q 16　特定個人情報保護委員会とは何ですか？……………………… 40
Q 17　マイナンバーが今後利用されるものには何がありますか？…… 42
Q 18　情報共有がされることの
　　　　　　具体的なメリットを教えてください ………… 44

2　安全対応について……………………………………………47
- Q 19　役所のセキュリティはどうなっているのですか？ ……… 48
- Q 20　特定個人情報とは何ですか？ ………………………………… 50
- Q 21　年金機構のような漏えいは起きないのでしょうか？ ……… 52
- Q 22　安全管理体制が不十分なまま制度が始まってしまうのでは？ … 54
- Q 23　事故が起きた場合はどうするのか？ ………………………… 58

3　通知カードについて…………………………………………61
- Q 24　通知カードとはなんですか？ ………………………………… 62
- Q 25　通知カードは何に使うのですか？ …………………………… 64
- Q 26　通知カードから番号カードに換えるのは
　　　　どうすればいいですか？ ……… 66
- Q 27　ＤＶ被害者で住所は古いままなのですが ………………… 70
- Q 28　通知カードは受け取りません ………………………………… 72

4　番号カードについて…………………………………………75
- Q 29　番号カードとは何ですか？ …………………………………… 76
- Q 30　通知カードと番号カードの違いは何ですか？ ……………… 78
- Q 31　住民基本台帳カードと番号カードの違いは何ですか？ …… 80
- Q 32　番号カードを紛失したらどうすれば良いですか？ ………… 82
- Q 33　番号カードは保険証代わりに使えるのですか？ …………… 83
- Q 34　番号カードの有効期限はどのくらいですか？ ……………… 84
- Q 35　番号カードを持つことで
　　　　今後どのようなメリットがありますか？ ……… 86
- Q 36　番号カード利用にはどのような注意が必要ですか？ ……… 88
- Q 37　住基カードはいつまで使えますか？ ………………………… 90
- Q 38　番号カードは代理人が受け取ることはできますか？ ……… 92

5　民間事業者への説明……………………………………………… 93
- Q 39　民間事業者は何をするのですか？ …………………………… 94
- Q 40　法人番号とは何ですか？ ……………………………………… 98
- Q 41　納税関係でやるべきことは何ですか？ ……………………… 100
- Q 42　社会保障関係でやるべきことは何ですか？ ……………… 104
- Q 43　本人確認について教えてください ………………………… 108
- Q 44　保護措置とは何ですか？ …………………………………… 112
- Q 45　利用制限とは何ですか？ …………………………………… 114
- Q 46　提供制限とは何ですか？ …………………………………… 116
- Q 47　保管と廃棄に制限があると聞きましたが？ ……………… 118
- Q 48　安全管理措置とは何ですか？ ……………………………… 120
- Q 49　小さい会社ですが安全管理措置の対応が困難です ……… 122
- Q 50　個人情報保護法との関係を教えてください ……………… 124

おわりに………………………………………………………………… 126
著者紹介………………………………………………………………… 127
参考文献等……………………………………………………………… 128

はじめに

　ひとに教えることはみずからが学ぶこと

　この本は自治体職員が、マイナンバー制度に関する住民からの質問に対する回答するという形式で構成されています。
　きっかけとしては、マイナンバーの研修を行ったところ、改めて基礎知識を確認したいという要望が多いこともあり、あまり負担がかからないように基礎的かつ重点的な項目にしぼりこみました。
　内容は平成２７年５月時点公開資料を基に、住民からの質問に回答するという形をとりました。知識を学ぶ動機づけを考えた時、住民に対する説明をするという形をとることが、もっとも効率的で効果があると考えたからです。
　１テーマ完結式なので、例えば本人確認等、既出の内容が重ねて出てくる場合もありますが、全体を通して理解するより、一つのテーマについて関連知識を合わせてユニットとして理解するように考慮しています。
　デジタルＰＭＯなどで、自治体職員のみに公開されている情報や、各自治体の独自利用などで推進中のものは含まれていません。読者各位が公開可能な段階になった情報は内容を付加していただくようお願いします。
　マイナンバー制度が始まり、地域住民の方もその影響を大いに受けることになりますが、民間の理解はまだ進んでいないのが実情です。
　そうしたとき、自治体が住民に制度の周知を行い、理解を促進することは、制度の安定化に寄与するだけでなく、制度を活用したさらなる住民サービスを産み出す土壌となるでしょう。
　貴団体及び地域住民の制度利用に少しでも貢献できることを祈念しています。

この本の対象者

①自治体職員
　1) 安全管理における総括責任者、保護責任者
　　　→制度での基本的な管理ポイントの確認
　2) 個人番号取扱担当者
　　　→基礎的事項の確認や覚え書メモとして
　3) その他の職員
　　　→近隣住民の方に説明を求められたときの基礎的な知識の補完として
②自治体職員以外の方
　　　→マイナンバーの基本的な知識の学習に

この本の使い方

■答え方の例
＜基本文＞
　公開されている資料等を基に、質問に対する基本的な回答例を示しています。
　下線部分は「説明のための補足知識」でさらなる関連知識がコメントされています。
＜かみくだき文＞
　基本的な回答例に関連して、質問される方がご高齢である等、もう少しかみくだいて説明するかみくだき文の例をあげています。
　相手によって理解のポイントは違いますから、かみくだき文を参考に、柔軟に説明を加える等工夫してください。

■ポイント
　基本文、もしくはかみくだき文に関連して知っておきたい知識等を示しています。

1　マイナンバー制度について

Q1 マイナンバー制度って何ですか？

■答え方の例
<基本文>
　番号（マイナンバー[1]）制度は、複数の機関に存在する個人の情報を同一人の情報であるということの確認を行うための基盤であり、社会保障・税制度の効率性・透明性を高め、国民にとって利便性の高い公平・公正な社会を実現するための社会基盤（インフラ）であるとされています。[2]

　この基盤を使うことで役所内の確認業務が正確かつ効率化されます。効果として、対象となる業務では住民の方が証明のためにいろいろな関係機関を自らの足で回って書類を整えるなどの手間がなくなります。

　さらに、所得情報の把握が容易により、税の公平な賦課が期待されると同時に、福祉サービスの不正取得等が困難になり、本来支援を受ける権利があるのにそうでない方などに手を差し伸べたりするなどの効果が期待されています。

<かみくだき文>
　●●さんが届け出をする時、書類が違っていたり足りなかったりしてやりなおしたこととかありませんか？
　今回、マイナンバーと言って、国民すべてに番号がつくことになりました。このマイナンバーがあると、●●さんの税金や保険の情報を役所の中で確認できるようになります。
　その結果として、●●さんが自分で書類を集めなくてもよくなる手続きが増えますよ。

1　マイナンバー制度には個人番号と法人番号がありますが、特に個人番号を指してマイナンバーとも言います
2　参考文献1を参照

■ポイント

詳細な説明項目をあげて説明することもあるでしょうが、ここでの基本文は短時間に要点を説明することに力点を置いたものです。説明する相手の方に合わせて適宜付け加えるなど、柔軟に対応してください。以下の基本文も同じです。

①社会基盤（インフラ）である

→番号を共有することで今後医療などの様々な領域に活用が広がる基礎になるということを説明します。

②住民の方が証明のためにいろいろな関係機関を自ら足で回って書類を整えるなどの手間がなくなります。

→いわゆるたらい回しをなくすという説明でも良いでしょう。総合窓口なども考えられますが、それぞれの自治体の計画状況によって考えられるプランがあれば説明に加えても良いでしょう。[3]

図1　マイナンバー　社会保障税制度　概要資料
（平成27年5月版　内閣官房社会保障改革担当室　内閣府大臣官房番号制度担当室）P2より

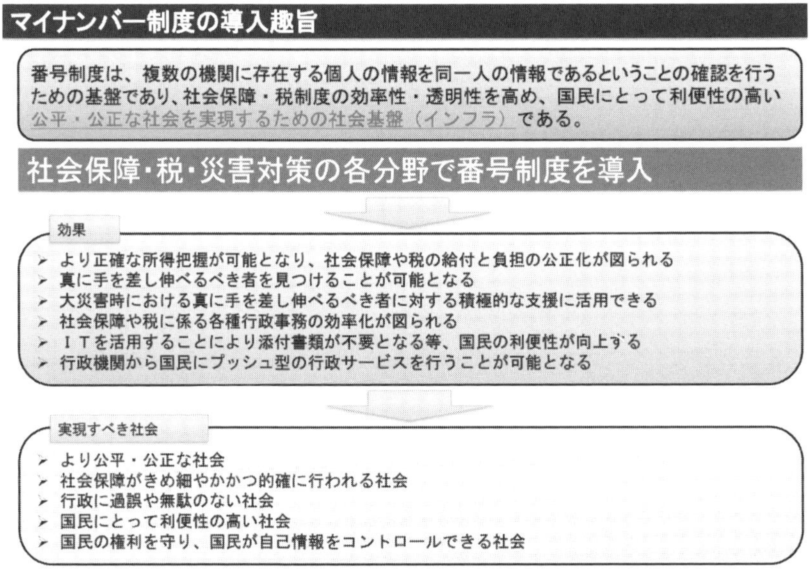

マイナンバー制度の導入趣旨

番号制度は、複数の機関に存在する個人の情報を同一人の情報であるということの確認を行うための基盤であり、社会保障・税制度の効率性・透明性を高め、国民にとって利便性の高い公平・公正な社会を実現するための社会基盤（インフラ）である。

社会保障・税・災害対策の各分野で番号制度を導入

効果
- より正確な所得把握が可能となり、社会保障や税の給付と負担の公正化が図られる
- 真に手を差し伸べるべき者を見つけることが可能となる
- 大災害時における真に手を差し伸べるべき者に対する積極的な支援に活用できる
- 社会保障や税に係る各種行政事務の効率化が図られる
- ITを活用することにより添付書類が不要となる等、国民の利便性が向上する
- 行政機関から国民にプッシュ型の行政サービスを行うことが可能となる

実現すべき社会
- より公平・公正な社会
- 社会保障がきめ細やかかつ的確に行われる社会
- 行政に過誤や無駄のない社会
- 国民にとって利便性の高い社会
- 国民の権利を守り、国民が自己情報をコントロールできる社会

3　「Q3　マイナンバー制度で何が変わるのですか？」も参照

Q2　マイナンバー制度のしくみを教えてください

■答え方の例
＜基本文＞
　マイナンバー制度のしくみは「①付番」「②情報連携」「③本人確認」となっています。
　①「付番」は住民票を持つ全員に付番され、一人ひとり重複のないものとなっています。そして民間と官庁との間で流通が可能な見える番号であり、これは最新の基本4情報と関連付けられる新たな番号を付番します。そしてこれは個人だけでなく、法人にも同じ趣旨で基本4情報を除いて付番されます。
　②「情報連携」とは複数の機関等でそれぞれが保有する個人番号やそれ以外の管理番号によって管理している同一人の情報を団体間のネットワークでヒモづけし、相互に活用するしくみです。
　③「本人確認」とは個人が、自己証明をするためのしくみであるとともに、自分の個人番号を証明するためのしくみです。

＜かみくだき文＞
　●●さんの情報は役所や年金事務所などいろいろな所がばらばらに持っています。マイナンバー制度は、●●さんの情報に共通で使える番号をつけて、●●さんだとわかるようにするしくみです。●●さんの本人証明に使うんですよ。

■ポイント
　しくみそのものを聞いてくることはそれほどないかもしれませんが、しくみがわかれば、いろいろな質問に応用することができます。

4　基本4情報（氏名、住所、性別、生年月日）

①付番

住民票コードを基に変換され、漏えいなどのやむを得ない理由で変更する以外は一生変わらない番号であるということも説明しましょう。また、銀行の暗証番号と同じで、他の人には見せないようにしましょうということも説明するといいでしょう。

②情報連携

情報連携は、国が用意する情報提供ネットワークシステムを介して行うことが義務付けられ、情報は符号化して送られます。連携される個人情報の種別やその利用事務は番号法の別表で明確にされています。

③番号カードには券面とICチップに番号と基本4情報、写真が記載されています。

ICチップによる公的個人認証は、なりすましを防ぐための有力な手段です。また、公的個人認証法は民間への利用拡大も視野に一部改正されています。[5]

図2　社会保障・税番号制度の仕組み

マイナンバー　社会保障税制度　概要資料
(平成27年5月版　内閣官房社会保障改革担当室　内閣府大臣官房番号制度担当室) P4より

5　巻末資料4 番号制度の導入と個人番号カードについて　P17参照

Q3　マイナンバー制度で何が変わるのですか？

■答え方の例
＜基本文＞
　現在は、全国の市区町村、その他関係する機関毎に個人の情報を持っています。マイナンバー制度によって、定められた事務の範囲において、同一人の情報であるということの確認を相互に行うことができるようになるため、個人情報の照会・提供を行うことが可能になります。
　この照会・提供が行われることで、より正確な情報を得ることが可能となり、国民の申請における負担が減ったうえ、真に手を差し伸べるべき者に対してよりきめ細やかなサービス等が行われることが期待できます。
　国民の負担とは、例えば、社会保障給付等の申請を行う際に必要となる情報を、申請する方が添付書類等を自ら集めて提出するのではなく、申請を受けた窓口が、関係各機関に照会を行うことが可能となるため、申請する方の提出書類が少なくなることなどが考えられます。

＜かみくだき文＞
　例えばこの申請をする時、●●さんが前住んでいた役所や年金の事務所などが情報をもっていて、これを●●さんが取りに行かなきゃならなかったんですが。このマイナンバー制度が始まると、役所の方で調べる事ができます。●●さんは申請するだけで良いことになります。

■ポイント
　住民の方には、あちこち歩き回って書類をもらうことの大変さをイメージしてもらうようにします。
①同一人の情報であるということの確認を相互に行うことができるようにな

るため

　→今まで、同一の人物であるという確認作業は、不正確、不十分な情報も多々ある中で、大変なものでした。

　②正確な情報を得ることが可能となり

　→福祉分野との連携をすることで、減免措置に関する資格要件の確認作業が正確かつ効率化され、未申請者などの発見が容易になることが期待されています。

　③申請を受けた窓口が、関係各機関に照会を行うことが可能となるため、申請する方の提出書類が少なくなることなどが考えられます。

　→ここでは、個人の責任で関係書類を集めてきていた部分がなくなり、責任と手間が役所側に移転したとも言えます。

図3　番号制度導入によるメリット　〜導入前〜

マイナンバー　社会保障税制度　概要資料
（平成27年2月版　内閣官房社会保障改革担当室　内閣府大臣官房番号制度担当室）P3より

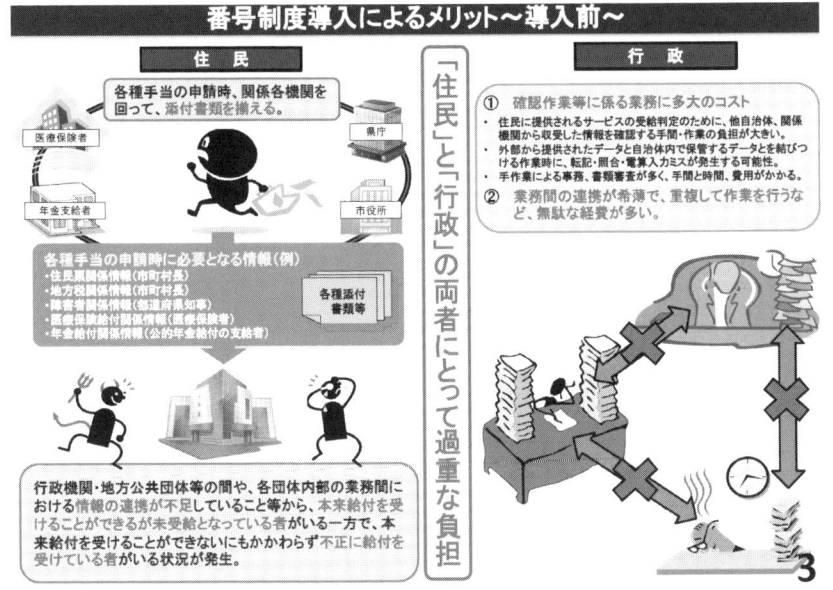

図4　番号制度導入によるメリット～導入後～

マイナンバー　社会保障税制度　概要資料
（平成 27 年 2 月版　内閣官房社会保障改革担当室　内閣府大臣官房番号制度担当室）P3 より

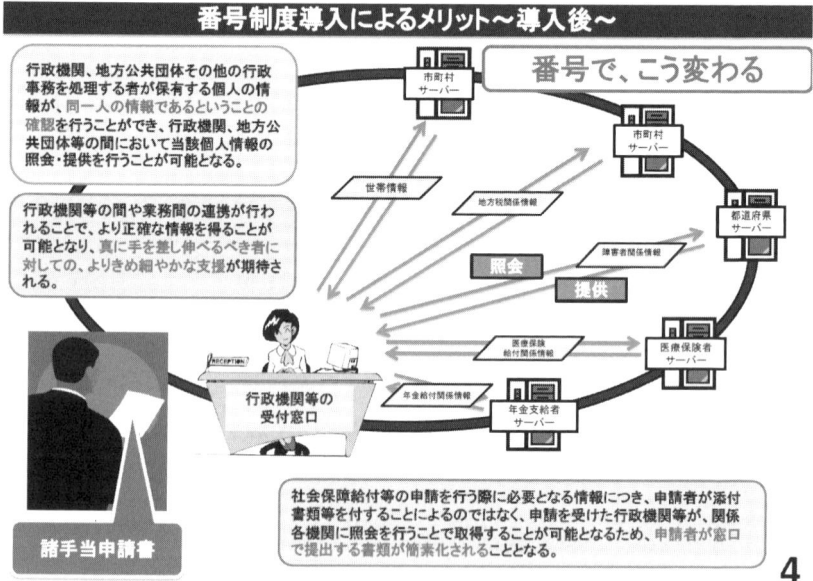

> Q4 マイナンバー制度のスケジュールを教えてください

■答え方の例
<基本文>
　平成27年10月5日の施行日以降、10月中旬から11月中にかけて、すべての住民票が登録されている方に番号をお知らせする通知カードと呼ばれるものが送付されています。
　その際、番号カードと電子証明の申請書が同封されていますので、ご自身の写真を撮った上で返送する、あるいはネットを利用して申請します。
　平成28年1月から番号の利用が開始されます。
　番号カードを申請した方は、この時から順次交付されます。
　利用が開始される手続きの種類や範囲はそれぞれの事務の主務省庁が公示しています。[6]
　その後、平成29年1月から国等の行政機関での情報連携が始まり、決められた利用事務での情報照会、提供が始まります。同年7月には自治体での情報連携も始まります。

<かみくだき文>
　平成27年10月以降、住民票の記載されている住所に●●さんのマイナンバーが送られます。そこに申請書があるので番号カードを申し込んでいただきます。
　1月以降役所の手続きの中で、番号が必要になるものが出て来ますから、番号が送られてきたらその書類はなくさないように、また他の方に渡さないように気をつけてくださいね。

---

[6] 開始時期等は巻末参考文献等の国税庁、厚生労働省のサイトを参照

■ポイント

スケジュールは細かくなりがちですので、質問された方の目的を良く考えてアレンジする必要があります。

①通知カード

個人番号が記載されており、住民票に登録されているすべての方に世帯を通じて通知されます。通知と同時に番号カードと電子証明の申し込みができるようになっているので、こちらの利用を促します。

②番号カード

個人の番号、基本4情報、写真、ICチップが搭載されており、本人の公的身分証明や番号の証明、様々な行政手続きに利用することができます。ICチップには公的個人認証が含まれており、様々な電子申請で利用できます。カードには申請が必要ですが、当初の発行手数料は無料とされています。

③情報連携

平成29年7月の情報連携では、一つ一つの自治体の付番および安全管理についての信頼性が問われることになります。その時までにしっかりとした対応体制ができていることが求められます。

図5　社会保障・税番号制度導入のロードマップ（案）

マイナンバー　社会保障税制度　概要資料
（平成27年5月版　内閣官房社会保障改革担当室　内閣府大臣官房番号制度担当室）P12より

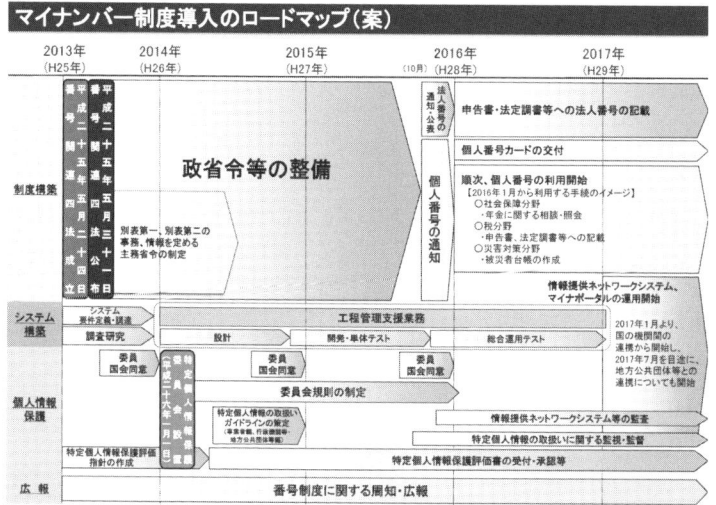

> **Q5　マイナンバー制度の心配ごとには何がありますか？**

■答え方の例
＜基本文＞
　マイナンバー制度では国民の懸念として3つの事項が挙げられています。一つには<u>セキュリティの不安</u>で個人情報が漏れてしまうのではないかという懸念、二つ目には、<u>個人情報が成りすましなどで</u><u>不正利用</u>されてしまうのではないかという懸念。三つ目には<u>国が個人情報を一元的に管理する</u>のではないかとの懸念です。[7]

＜かみくだき文＞
　マイナンバー制度では番号をお互いにやり取りするから情報が漏れるのではないかという不安や、人になりすまして悪いことをする人が出てくるということも心配する人もいます。それから国が皆さんの情報を集めて監視するのではないかということを心配する人もいます。

■ポイント
　これは懸念される項目をあげていますので、これに対する対策の前ふりとしてお話しをします。
　①セキュリティの不安
　→個人情報ろうえいの不安は最近の年金機構の問題などがあげられます。これらに対する対応状況に関する質問は議会などでも質問されます。所属団体の情報セキュリティの対応方針や状況をよく踏まえてください。

---

[7] 「Q6　個人情報がもれるのではないか？」「Q7　自分の情報が成りすましされないのか？」「Q8　個人情報が国に一元管理されるのではないか？」も参照

②個人情報が成りすましなどで不正利用

→他人に成りすましてその人の権利を不正使用するようなことは、悪意を持った人に個人情報が知られてしまうことから起きます。第三者に個人情報をみだりに知らせないことが予防の第一歩です。

③国が個人情報を一元的に管理する

→徴兵制度につながるような強権を国が住民に対して発動すると主張する人もいます。しかし現実には国は情報を管理しないしくみになっています。

図6 社会保障・税番号制度導入における安心・安全の確保

マイナンバー　社会保障税制度　概要資料
(平成27年2月版　内閣官房社会保障改革担当室　内閣府大臣官房番号制度担当室) P16より

社会保障・税番号制度における安心・安全の確保

番号制度に対する国民の懸念
- 個人番号を用いた個人情報の追跡・名寄せ・突合が行われ、集積・集約された個人情報が外部に漏えいするのではないかといった懸念。
- 個人番号の不正利用等（例：他人の個人番号を用いた成りすまし）等により財産その他の被害を負うのではないかといった懸念。
- 国家により個人の様々な個人情報が個人番号をキーに名寄せ・突合されて一元管理されるのではないかといった懸念

制度面における保護措置
① 番号法の規定によるものを除き、特定個人情報の収集・保管、特定個人情報ファイルの作成を禁止（番号法第20条、第28条）
② 特定個人情報保護委員会による監視・監督（番号法第50条～第52条）
③ 特定個人情報保護評価（番号法第26条、第27条）
④ 罰則の強化（番号法第67条～第77条）
⑤ マイ・ポータルによる情報提供等記録の確認（番号法附則第6条第5項）

システム面における保護措置
① 個人情報を一元的に管理せずに、分散管理を実施
② 個人番号を直接用いず、符号を用いた情報連携を実施
③ アクセス制御により、アクセスできる人の制限・管理を実施
④ 通信の暗号化を実施

Q6　個人情報がもれるのではないか？

■答え方の例
＜基本文＞
　年金機構での漏えい問題は、インターネットにつながったパソコンに対して、外から来た仕事を装ったメールにウイルス（マルウェア）[8]が仕込まれていて、そこから感染し、パスワードがかかっていない個人情報のデータが漏えいしました。
　その時、報告のしかたや安全管理体制が適切であるかどうかが大きく問われることになりました。
　このようなことが予測されるため、マイナンバー制度では、厳しい安全管理をすることが制度的にもシステム的にも求められていて、従来のような甘い管理ができにくくなっています。

＜かみくだき文＞
　マイナンバー制度では●●さんの情報が漏えいしないように、従来よりとても厳しく管理をすることになっています。

■ポイント
安全管理措置が講じられていることを説明します。
①仕事を装ったメールにウイルス（マルウェア）
　→現在のシステムに対する攻撃は巧緻を極め、専門用語などを使って信用させるようになってきています。同様のものにフィッシングというものがあり、例えば銀行のサイトそっくりの偽サイトを作ってそこから口座番号やパスワー

8　悪意を持ったソフトウェアの総称

ドを不正取得するようなものもあります。

　②その時、報告のしかたや安全管理体制が適切であるかどうかが大きく問われることになりました。

　→まず問われたのは報告の遅れです。また責任の所在もあいまいでした。この漏えい事故を受け、マイナンバー制度の安全管理措置において、責任体制や報告体制を明確にするように強く求められています。[9]

　③制度的にもシステム的にも求められていて

　→制度的には特定個人情報の取り扱いは決められた業務範囲と担当者以外は禁止とされ、国には特定個人情報保護委員会という監督組織が作られています。またシステム的にはデータの分散管理や情報連携時の符号の利用、暗号化などの対策が講じられています。

9　自治体情報セキュリティ緊急強化対策について
　　～自治体情報セキュリティ対策検討チーム 中間報告～
　　http://www.soumu.go.jp/main_content/000372668.pdf

Q7　自分の情報が成りすましされないのか？

■答え方の例
<基本文>
　個人情報の漏えいとともに心配されるのが「成りすまし」です。悪意を持った者が本人の権利を不正使用することが懸念されます。
　そこでマイナンバー制度では番号の提供を受けるときには本人確認をすることが義務付けられています。
　また、交付される番号カードでは、顔写真が付けられ、公的個人認証が付加されており、本人でなければ利用できないようなしくみが施されています。
　情報連携が始まったら、マイナ・ポータルと呼ばれる個人向けのサイトが開設されて、番号カードをお持ちの方は、ご自身の情報がどのように使われているかを確認することができます。

<かみくだき文>
　マイナンバー制度では●●さんの情報を使って悪いことができないように、本人であるかどうか厳しくチェックできるようになっていますから、悪い人もそう簡単に使うことはできないですよ。でも番号は大切に扱ってくださいね。

■ポイント
本人確認に関する安全管理措置が講じられていることを説明します。
①悪意を持った者が本人の権利を不正使用することが懸念
→不正使用等の恐れがある場合は、届出等により番号を変更することができます。
②本人確認をすることが義務付けられています。

→利用できる業務で提供を求める場合には必ず本人確認が必要です。ただし、明らかに本人であるとわかる場合、同世帯のものなどは本人確認書類が不要な場合があります。

③顔写真が付けられ、公的個人認証が付され

→顔写真は通知カードの交付時の申請書で自身での申請が可能になっています。公的個人認証は、現在住基カードで行っている分が今後番号カードに置き換わります。

④マイナ・ポータル

インターネットを通じて本人の特定個人情報[10]を確認したり、特定個人情報の利用履歴を確認することができます。今後、このサイトを通じた様々な行政サービスが検討されています。(図7参照)

図7　情報提供等記録開示システム

マイナンバー　社会保障税制度　概要資料
(平成27年5月版　内閣官房社会保障改革担当室　内閣府大臣官房番号制度担当室)P11 より

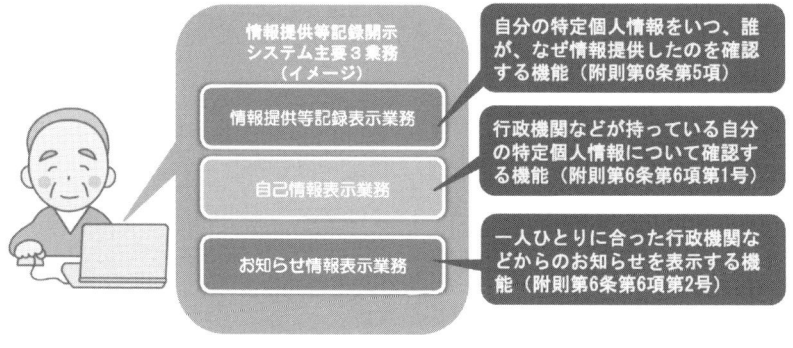

10　個人番号と個人情報が関連付けられたもの。「Q20　特定個人情報とは何ですか?」の項目も参照

Q8　個人情報が国に一元管理されるのではないか？

■答え方の例
<基本文>
マイナンバー制度を通じて個人情報が国に一元管理されるのではないかという懸念がありますが、国で特定個人情報データは保有しません。
個人情報データは各自治体などの行政機関、その他事務を行う機関がそれぞれ個別に持っています。
今回のマイナンバー制度はそれぞれ別々の機関が持っている情報はそのままに、定められた業務の範囲内で情報連携を行い、情報の照会や提供を行いますから、国が個人情報を集めて保有し、目的外で使うしくみになっていません。

<かみくだき文>
マイナンバー制度では●●さんの情報は国が皆さんの承認なしに勝手に使うことができないようになっています。使える範囲は税金や年金保険などの福祉サービスに限られていますよ。

■ポイント
分散管理というのはシステムを知らない人にはわかりにくいので注意します。
①国に管理されるのではないかという懸念
→徴兵制度などに使われるという人もいますが、制度的（税、福祉、防災領域に限られる）に、システム的（国が一括管理しない）に利用制限がなされています。
②個人情報データは各自治体などの行政機関、その他事務を行う機関がそれぞれ個別に持っています。政府が国民の個人データを一元管理することはできません。

→これは従来の構造と変わりがありません。
　③国が個人情報を集めて保有し、目的外で使うしくみになっていません。
　→情報提供ネットワークでは情報が符号化され、内容がわからないようになっています。そのため、仮にやり取りされる情報を途中で集めて保有し、使おうとしても、使えません。

図8　個人情報の管理の方法について

マイナンバー　社会保障税制度　概要資料
（平成27年5月版　内閣官房社会保障改革担当室　内閣府大臣官房番号制度担当室）P17より

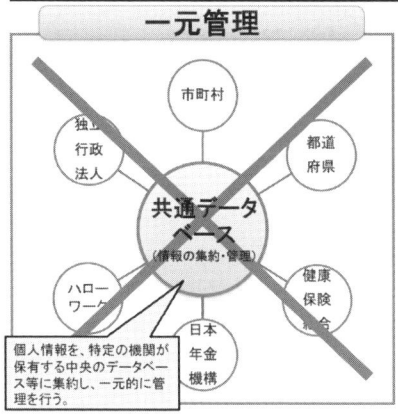
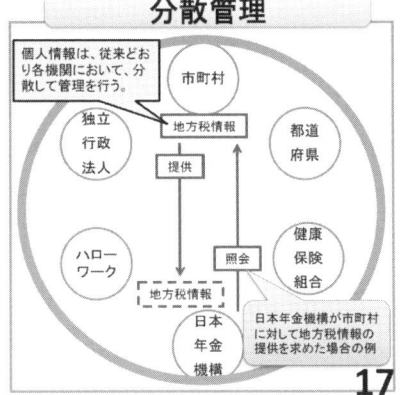

図9 番号制度における情報連携の概要

マイナンバー　社会保障税制度　概要資料
(平成 27 年 5 月版　内閣官房社会保障改革担当室　内閣府大臣官房番号制度担当室) P9 より

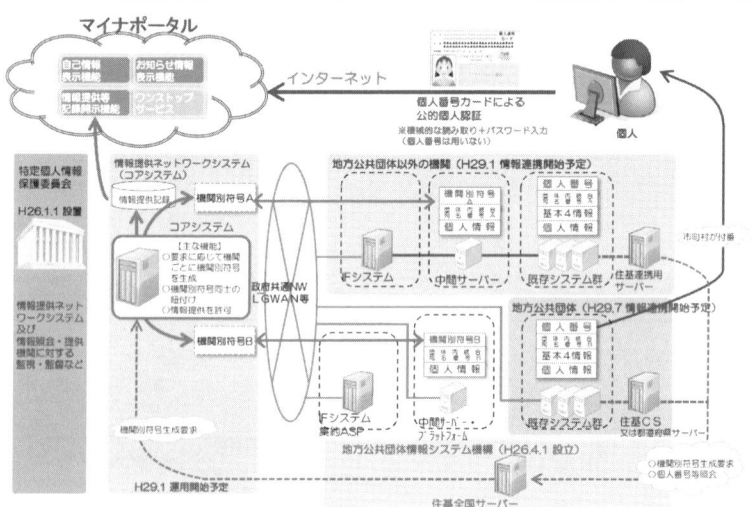

Q9 マイナンバー制度で便利になることはどんなことがありますか？

■答え方の例
<基本文>
番号制で便利になることを三つ示します。
<u>一つには本人証明と本人の権利義務に関する正確な情報が役所側で把握できるので、手続きに必要な書類等の提出が簡素になるということ</u>、
<u>二つにはいろいろな手続きに使えるということ</u>、
<u>三つには番号カードを使えば、身分証明書として利用することができること</u>などがあります。

<かみくだき文>
　マイナンバー制度では●●さんの申請で必要な添付書類が少なくなります。そしてその手続きはこれから増えていきます。申請すれば写真付きのカードがもらえますが、これがあると本人の身分証明カードとして使えるので便利になりますよ。

■ポイント
番号の利用は番号カードを利用すれば本人確認ができますのでより簡単になりますが、それまでは本人確認書類が必要になるので注意する必要があります。
　①一つには本人証明と本人の権利義務に関する正確な情報が役所側で分かる
　→情報連携によって照会提供の効率化が進んだ上でのメリットです。
　②二つには手続きに必要な書類の提出が簡素になる→何度もいろいろな場所にある関係機関を行き来して証明書類を集める必要がなくなるということです。
　③三つには番号カードを使えば身分証明書として利用することができる
　→写真及び公的個人認証が付帯されます。その他の身分証明としても使われますが、番号そのものは裏面にあり、扱いに注意するということも周知する必要があります。

Q 10 たらいまわしがなくなると聞きましたが？

■答え方の例
＜基本文＞
　現在の市区町村の窓口は、住民票などの窓口と、税金や福祉関係申請をする窓口が分かれているケースが多いです。
　マイナンバー制度によって役所内の情報連携が実現した場合、住民総合窓口と呼ばれる、ワンストップ[11]での申請受付が実現できる可能性があります。
　住民総合窓口が実現した場合、役所内での待ち時間が大幅に削減されるなど申請者の負担が減ることが期待されます。

＜かみくだき文＞
　マイナンバー制度を利用して、●●さんが□□を申請するときに一つの窓口で全部の手続きをいっぺんにやれるように今がんばってますよ。（●●年ころできますよ）

■ポイント
　マイナンバー制度では本人確認の業務が煩雑になる可能性があります。そのため、規則やシステムを変更し、総合窓口を行って本人確認業務と受付業務を集中させるという考え方も期待されています。総合窓口の例としては、福岡県粕屋町のインテリジェント型総合窓口が有名です。[12]
　①住民票などの窓口と、税金や福祉関係申請をする窓口が分かれている

---

[11] ワンストップとは1度だけ立ち寄るということで、申請時に複数の申請、例えば本人証明と申請が同時に行われることを意味する
[12] 福岡県粕屋町「インテリジェント型総合窓口」http://www.town.kasuya.fukuoka.jp/gyosei/yakuba/chosha/sogomadoguchi/

→例えば、住民票を取得し、本人証明をしてから必要な申請窓口に向かうことになると、待ち時間含めて申請者には負担がかかります。

②ワンストップでの申請受付ができる可能性があります。

→本人であることの証明が番号によって可能になるため、住民票や課税証明などの情報連携が庁内で行われ、申請者は1回の手続きで自己証明と手続申請の2つを行うことがでるようなことができます。

③負担が減ることが期待

→申請者が1回の手続きで複数の手続きを終えることができれば、一つの申請の後、次の申請に行くまでの待ち時間が短縮されるなど、負荷が減ることが期待されます。

図10　福岡県粕屋町総合窓口レイアウト

http://www.town.kasuya.fukuoka.jp/gyosei/yakuba/chosha/sogomadoguchi/files/madoguchi_layout.pdf

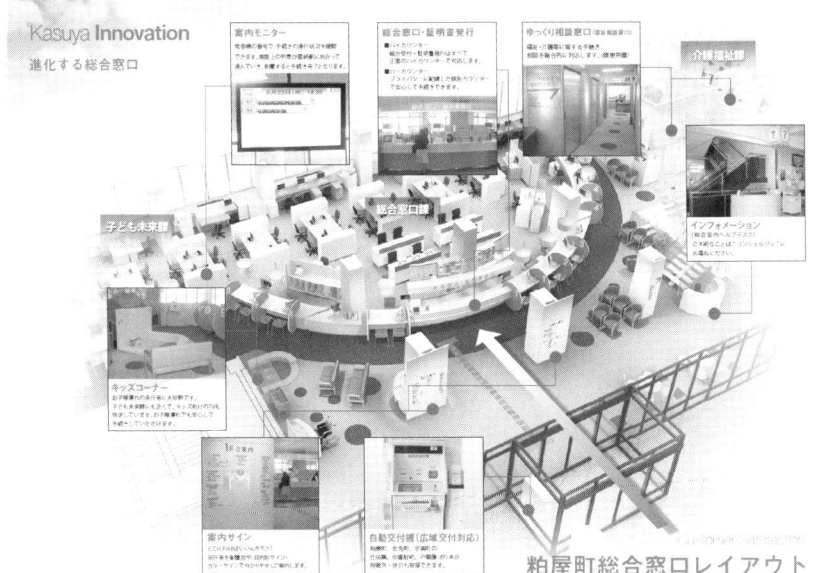

Q11 いろいろな手続きに利用できると聞きましたが？

■答え方の例
<基本文>
番号を提供することで便利になる業務にはどのようなものがあるのでしょうか？

例えば、退職される方の場合、厚生年金の裁定請求の際に番号を年金事務所に提供すれば、住民票や課税証明書の添付を省略することが可能です。

市区町村と年金事務所が情報連携し、個人情報の照会提供することができるため、個人が住民票等を市役所に行って求める必要がなくなるわけです。

<かみくだき文>
マイナンバー制度では●●さんが□□を申請するのでしたら、市役所（役場）で住民票とか▲▲をもらわなくても、マイナンバーを年金事務所に提出するだけで大丈夫ですよ。

■ポイント
情報連携によって住民が添付書類不要の手続きの例を説明します。基本文では本人が直接申請する例をあげていますが、質問してきた方のケースに合わせて説明する必要があります。

①厚生年金の裁定請求の際に番号を年金事務所に提供
→年金は、年金を受ける資格ができたとき自動的に支給が始まるものではなく、年金を受けるための手続き（年金請求）を行う必要があります。なお、マイナンバー制度では申請が必要であって、申請そのものがなくなるわけではありません。

②市区町村と年金事務所が情報連携し

1　マイナンバー制度について　31

→国の提供する情報提供ネットワークによって情報の紹介と提供が行われます。

その他の利用例については図をご覧ください。

図11　番号の利用例

マイナンバー　社会保障税制度　概要資料
（平成27年2月版　内閣官房社会保障改革担当室　内閣府大臣官房番号制度担当室）P13より

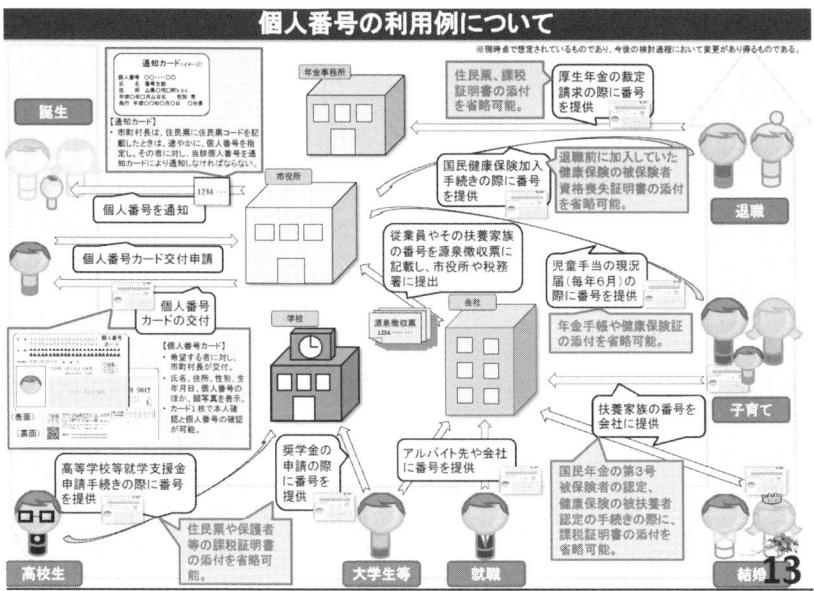

Q 12　自己証明が簡単にできると聞きましたが？

■答え方の例
＜基本文＞
　マイナンバー制度が開始されると、申請をすれば番号カード[13]が発行されます。この番号カードには本人の写真と公的個人認証のためのＩＣチップが入っており、本人であることを証明するしくみが組みこまれています。
　カードの表面は、様々な場面で身分証明書として使ったり、行政手続きに利用したりすることができます。ただし、裏面には番号が記載されているので、こちらは行政手続きで必要な場合以外は他者にコピーや書き取りなどされないように注意してください。

＜かみくだき文＞
　マイナンバー制度では●●さんが申請すれば写真付きのカードがもらえて、身分証明書になりますよ。使い方に注意点があるから、よく注意事項を守って使ってください、特に番号は他の人にコピーされたり、書き写されたりしないようにしてください。

■ポイント
番号カードについては、希望する場合、各個人が申請をします。
①申請をすれば番号カードが発行されます。
　→27年10月5日以降、各世帯に国（J-Lis）[14]から発行されますが、各家庭への到達はまちまちになると想定されます。返戻調査が多忙になることを想定し

13　「Q 29　番号カードとは何ですか？」も参照
14　J-Lis（Japan Agency for Local Authority Information Systems）
　　地方公共団体情報システム機構　https://www.j-lis.go.jp/

て、住民の方への事前告知や説明をする必要があります。
　②本人の写真と公的個人認証のためのＩＣチップが入っており
　→個人の写真についてはスマホなどで撮ることも可能ですが、不鮮明である等不適切なものがある場合も想定されます。その場合、カードの交付時に、窓口で交付が拒否される可能性もあるので注意が必要です。
　③カードの表面は
　→見られることは問題ないですが、コピーを取られたりメモを取られたりすると提供にあたります。安全管理上は不用意に見せない方が良いでしょう。

Q 13　マイナンバー制度には適用範囲があるのですか？

■答え方の例
<基本文>
　税と社会保障、災害対策分野に適用されます。利用事務は番号法の別表に示されており、このほか地方公共団体が独自に条例で定める事務もこの分野です。
　<u>社会保障分野</u>は、年金、労働、福祉医療その他の三つの分野に適用されます。年金分野では年金の資格取得・確認、給付の際に利用します。労働分野では、雇用保険等の資格取得、確認、給付を受ける際に利用し、またハローワーク等の事務等でも利用します。福祉医療その他の分野では、医療保険等の保険料徴収等の医療保険者における手続、福祉分野の給付、生活保護の実施等、低所得者対策の事務等に利用します。
　<u>税分野</u>においては国民が税務当局に提出する確定申告書、届出書、調書等に個人番号を記載。当局の内部事務等に利用します。
　<u>災害対策分野</u>においては、被災者生活再建支援金の支給に関する事務等に利用したり、被災者台帳の作成に関する事務に利用します。

<かみくだき文>
　●●さんの情報は税金や年金などで利用します。あとは災害が起きた時にお金をおろしたりできるようにしたり、被害にあった人の名簿を作ったりします。

■ポイント
大きく3分野を捉えた上で、概要レベルとして説明します。
①社会保障分野
資格確認作業の効率化や正確性の向上により、公平性や網羅性が向上します。

特に真に手を差し伸べるべき者への給付の実現の促進を目指しています。

②税分野

所得把握の漏れが少なくなり、公平な税負担が実現することを目指しています。

③災害対策分野

震災時に困ったのは家屋など流された人が、通帳も一緒になくして銀行からお金がおろせないことでした。この番号を利用することで災害時には通帳代わりにお金をおろすことができるほか、被災者の名簿を作成するなど救助活動の支援ができることを目指しています。

図12　個人番号の利用範囲

マイナンバー　社会保障税制度　概要資料
（平成27年2月版　内閣官房社会保障改革担当室　内閣府大臣官房番号制度担当室）P12より

個人番号の利用範囲

社会保障分野	年金分野	⇒年金の資格取得・確認、給付を受ける際に利用。 ○国民年金法、厚生年金保険法による年金である給付の支給に関する事務 ○国家公務員共済組合法、地方公務員等共済組合法、私立学校教職員共済法による年金である給付の支給に関する事務 ○確定給付企業年金法、確定拠出年金法による給付の支給に関する事務 ○独立行政法人農業者年金基金法による農業者年金事業の給付の支給に関する事務　等
	労働分野	⇒雇用保険等の資格取得・確認、給付を受ける際に利用。ハローワーク等の事務等に利用。 ○雇用保険法による失業等給付の支給、雇用安定事業、能力開発事業の実施に関する事務 ○労働者災害補償保険法による保険給付の支給、社会復帰促進等事業の実施に関する事務　等
	福祉・医療・その他分野	⇒医療保険等の保険料徴収等の医療保険者における手続、福祉分野の給付、生活保護の実施等低所得者対策の事務に利用。 ○児童扶養手当法による児童扶養手当の支給に関する事務 ○母子及び寡婦福祉法による資金の貸付け、母子家庭自立支援給付金の支給に関する事務 ○障害者総合支援法による自立支援給付の支給に関する事務 ○特別児童扶養手当法による特別児童扶養手当等の支給に関する事務 ○生活保護法による保護の決定、実施に関する事務 ○介護保険法による保険給付の支給、保険料の徴収に関する事務 ○健康保険法、船員保険法、国民健康保険法、高齢者の医療の確保に関する法律による保険給付の支給、保険料の徴収に関する事務 ○独立行政法人日本学生支援機構法による学資の貸与に関する事務 ○公営住宅法による公営住宅、改良住宅の管理に関する事務　等
税分野		⇒国民が税務当局に提出する確定申告書、届出書、調書等に記載。当局の内部事務等に利用。
災害対策分野		⇒被災者生活再建支援金の支給に関する事務等に利用。 ⇒被災者台帳の作成に関する事務に利用。

上記の他、社会保障、地方税、防災に関する事務その他これらに類する事務であって地方公共団体が条例で定める事務に利用

Q 14　マイナンバー制度の法的な根拠について教えてください

■答え方の例
＜基本文＞
マイナンバー制度には関連四法があります。
①行政手続における特定の個人を識別するための番号の利用等に関する法律（平成 25 年法律第 27 号）、いわゆるマイナンバー法です。
②行政手続における特定の個人を識別するための番号の利用等に関する法律の施行に伴う関係法律の整備等に関する法律（平成 25 年法律第 28 号）、これはマイナンバー法に合わせて 36 の関係法律の規定の整備を行う法律です。
③地方公共団体情報システム機構法（平成 25 年法律第 29 号）旧 LASDEC（財団法人地方自治情報センター）が改組され、J-lis（地方公共団体情報システム機構）となり、番号の利用等に関する事務やその他の地方公共団体の情報システムに関する事務を地方公共団体に替わって行うことなどが定められています。[15]
④内閣法等の一部を改正する法律（平成 25 年法律第 22 号）（政府ＣＩＯ法）、これは内閣官房において情報通信技術の活用に関する総合調整機能（政府ＣＩＯ）を強化するための体制とその役割について定められています。

＜かみくだき文＞
　マイナンバー制度は、マイナンバー法といわれる法律によって、個人番号の使い方を定めています。そしてこの法律に関係する他の法律を調整する法律、情報システムを動かす法律、全体を管理するための法律、の合わせて 4 つの法律が決められています。

15　脚注 14 参照

■ポイント
①マイナンバー法
番号法の根幹となる法律です。
②関係法律の整備等に関する法律
関係する法律でマイナンバー法と齟齬が生じる可能性がある他の法律の規定等について修正するものです。例えば、自治体においてはデータの持ち出しは原則禁止ですが、情報連携における情報提供ネットワークでの情報照会提供などは例外として利用可能にすることなどがあります。
③地方公共団体情報システム機構法
J-LISは通知カードの発行、情報提供ネットワークや中間サーバの運営などを行います。
④政府ＣＩＯ法
ＣＩＯとはChief Information Officerの略で、一般には情報統括役員とも呼ばれます。（国では内閣情報通信政策監）番号法をはじめとする政府の情報政策を、省庁間の調整を行いながら推進する役割があります。

図13　マイナンバー制度関連四法の成立・交付
マイナンバー　社会保障税制度　概要資料
（平成27年2月版　内閣官房社会保障改革担当室　内閣府大臣官房番号制度担当室）P26より

参考　マイナンバー制度関連四法の成立・公布

【平成25年5月24日成立・31日公布】
● 行政手続における特定の個人を識別するための番号の利用等に関する法律（平成25年法律第27号）（マイナンバー法）
→行政機関等の行政事務を処理する者が、個人番号及び法人番号の有する特定の個人及び法人等を識別する機能を活用し、並びに当該機能によって異なる分野の情報を照合し、これらが同一の者に関するものであるかどうかを確認することができる情報システムを運用して、効率的な情報の管理及び利用並びに他の行政事務を処理する者との間における迅速な情報の授受を行うことができるようにするとともに、これにより、これらの者に対し申請等の手続を行い、又はこれらの者から便益の提供を受ける度に、手続の簡素化による負担の軽減、本人確認の簡易な手続その他の利便性の向上を得られるようにするために必要な事項を定めるもの。

● 行政手続における特定の個人を識別するための番号の利用等に関する法律の施行に伴う関係法律の整備等に関する法律（平成25年法律第28号）
→行政手続における特定の個人を識別するための番号の利用等に関する法律の施行に伴い、三十六の関係法律の規定の整備等を行うため、所要の措置を定めるもの。

● 地方公共団体情報システム機構法（平成25年法律第29号）
→地方公共団体が共同して運営する組織として、住民基本台帳法、電子署名に係る地方公共団体の認証業務に関する法律及び行政手続における特定の個人を識別するための番号の利用等に関する法律の規定による事務並びにその他の地方公共団体の情報システムに関する事務を地方公共団体に代わって行うこと等を目的とする地方公共団体情報システム機構を設立することとし、その組織、業務の範囲等に関する事項を定めるもの。

● 内閣法等の一部を改正する法律（平成25年法律第22号）（政府CIO法）
→内閣官房における情報通信技術の活用に関する総合調整機能を強化するため内閣官房に特別職の国家公務員として内閣情報通信政策監を置くとともに、内閣情報通信政策監を高度情報通信ネットワーク社会推進戦略本部の本部員に加える等の措置を講ずるもの。

Q 15 マイナンバー制度の罰則について教えてください

■答え方の例
＜基本文＞
番号制度では罰則が強化されています。
　例えば、個人番号理事陽事務等に従事する者が、正当な理由なく<u>特定個人情報ファイル</u>を提供した場合、法定刑では4年以下の懲役もしくは200万以下の罰金もしくは併科となっています。例えば行政機関個人情報保護法において、個人情報ファイルを<u>本人同意の利用目的に反して提供した</u>場合、2年以下の懲役もしくは100万以下の罰金とされていたのに比べて倍の量刑になっています。

＜かみくだき文＞
　マイナンバーで悪いことをしたら、倍くらい罪が重くなるんですよ。

■ポイント
①罰則
　罰則の強化として9つの類型が示されています（図14罰則の強化参照）。いずれも悪意を持った行為が対象となっていますが、例示されている1番目の行為は「正当な理由なく特定個人情報を提供した」、とされています。このことは、安全管理を怠った場合での漏えいでも罪に問われる可能性があると解釈できます。安全管理意識を高めましょう。
②特定個人情報ファイル
　個人情報ファイルとは保有する個人情報を体系的に整理したものですが、個人番号が関係づけられるデータである場合、特定個人情報ファイルと呼んで区別します。
③本人同意の利用目的に反して提供

1 マイナンバー制度について 39

　個人情報保護法は一般法と呼ばれ、本人の利用目的の同意が前提となっています。マイナンバー法は、本人の利用目的の同意がない場合でも、定められた利用事務は例外として扱う特別法です。

図 14　罰則の強化

マイナンバー　社会保障税制度　概要資料
（平成 27 年 2 月版　内閣官房社会保障改革担当室　内閣府大臣官房番号制度担当室）P20 より

罰則の強化

#	行為	法定刑	行政機関個人情報保護法・独立行政法人等個人情報保護法	個人情報保護法	住民基本台帳法	その他
1	個人番号利用事務等に従事する者が、正当な理由なく、特定個人情報ファイルを提供	4年以下の懲役or200万以下の罰金or併科	2年以下の懲役or100万以下の罰金	—	—	
2	上記の者が、不正な利益を図る目的で、個人番号を提供又は盗用	3年以下の懲役or150万以下の罰金or併科	1年以下の懲役or50万以下の罰金	—	2年以下の懲役or100万以下の罰金	
3	情報提供ネットワークシステムの事務に従事する者が、情報提供ネットワークシステムに関する秘密の漏えい又は盗用	同上	—	—	同上	
4	人を欺き、人に暴行を加え、人を脅迫し、又は、財物の窃取、施設への侵入等により個人番号を取得	3年以下の懲役or150万以下の罰金	—	—	—	(割賦販売法・クレジット番号)3年以下の懲役or50万以下の罰金
5	国の機関の職員等が、職権を濫用して特定個人情報が記録された文書等を収集	2年以下の懲役or100万以下の罰金	1年以下の懲役or50万以下の罰金	—	—	
6	委員会の委員等が、職務上知り得た秘密を漏えい又は盗用	同上	—	—	1年以下の懲役or30万以下の罰金	
7	委員会から命令を受けた者が、委員会の命令に違反	2年以下の懲役or50万以下の罰金	—	6月以下の懲役or30万以下の罰金	1年以下の懲役or50万以下の罰金	
8	委員会による検査等に際し、虚偽の報告、虚偽の資料提出をする、検査拒否等	1年以下の懲役or50万以下の罰金	—	30万以下の罰金	30万以下の罰金	
9	偽りその他不正の手段により個人番号カードを取得	6月以下の懲役or50万以下の罰金	—	—	30万以下の罰金	

Q 16 特定個人情報保護委員会とは何ですか？

■答え方の例
<基本文>
　特定個人情報保護委員会は番号法に基づき、個人番号その他の特定個人情報の<u>有用性に配慮しつつ、その適切な取り扱いを確保するために必要な措置を講じること</u>が任務とされています。
　<u>主な所掌事務</u>は、行政機関や地方公共団体等に対する監視・監督、また特定個人情報保護評価について指針を示し、評価書の承認を行います。その他広報や啓発を行うこと、国際協力、苦情処理に対して解決をあっせんする等があります。
　同委員会は、<u>特定個人情報の適正な取り扱いに関するガイドライン</u>[16]を行政機関、地方公共団体向けと事業者向けに示しており、これらのガイドラインを基に、マイナンバーの保護措置を講ずることとなっています。

<かみくだき文>
　●●さんの個人情報を守るために、国では委員会を作って徹底的に監視することになっています。この委員会が、安全に管理するための手引を作っていて、役所も会社もみんなこれにしたがって対応しないといけない決まりになっています。

■ポイント
　特定個人情報保護委員会の役割と権限について説明し、これらが番号法の安全対策措置の要（かなめ）であることを伝えるようにします。
　①有用性に配慮しつつ、その適切な取り扱いを確保するために必要な措置を

16　参考文献等参照　特定個人情報の適正な取り扱いに関するガイドライン（事業者編）（行政機関等、地方公共団体等）特定個人情報保護委員会

講じること
　→特定個人情報によっていろいろな情報がヒモづけられることで、適切な社会保障や納税が実現されますが、悪意を持った者に利用されるとその被害もメリットと比例して大きくなる事に留意する必要があります。
　②主な所掌事務
　→同委員会は、国家行政組織法第3条に基づいて設置される委員会で、独立性の高い組織です。所掌事務においては委員長、委員は独立して職権を行使できます。
　③特定個人情報を適切に取り扱うためのガイドライン
　総論からなる概念的な説明と、各論からなる具体例を含めた解説を示した本編と、安全管理措置の具体的な指針や手順について示された別添が提供されています。
　（その他行政機関等に対しては、個人情報保護条例の改正例などもあり）

図15　特定個人情報保護委員会

マイナンバー　社会保障税制度　概要資料
（平成27年2月版　内閣官房社会保障改革担当室　内閣府大臣官房番号制度担当室）P20より

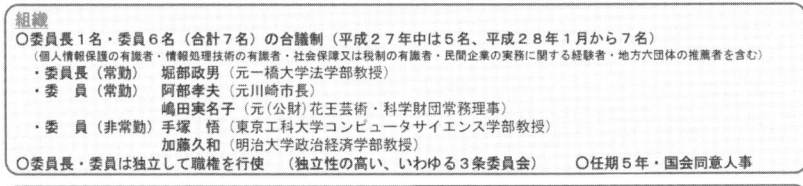

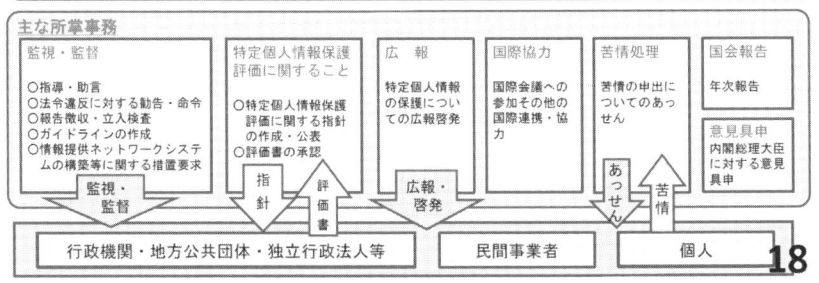

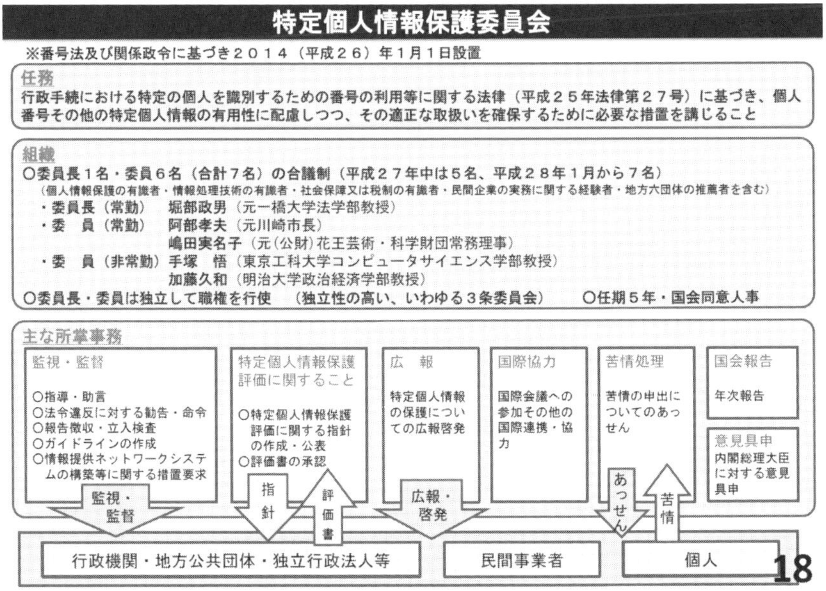

Q 17 マイナンバーが今後利用されるものには何がありますか？

■答え方の例
<基本文>

マイナンバー制度では、<u>自治体がそれぞれの地域の特性</u>に合わせて<u>独自利用</u>をすることが可能で、<u>情報連携によるサービス</u>によって実現されるものとして、以下のような項目が検討されています。

・福祉サービス等の受給状況、健康情報などの継続的な把握をすることで<u>重複受給の防止</u>やより高度できめ細やかなサービスの提供が可能になります。
・総合窓口導入による<u>庁内情報連携</u>への活用によって必要となる手続の漏れや未届の防止・行政事務の効率化が可能になります。
・所在不明児童問題、ＤＶ・ストーカー等支援対象者支援などへの活用によって庁内での情報共有により迅速・確実な対応が可能になります。
・乳幼児医療費助成のほか、心身障害者やひとり親等に対する医療費助成、不妊治療費助成など住民のニーズが高く全国的に実施されている地方単独事業などへの活用によって添付書類の一層の削減や行政事務の効率化が可能になります。
・地方中枢拠点都市や定住自立圏などの地方公共団体間の連携に際しても同様の枠組みにより個人番号を活用可能になります。

<かみくだき文>
・この先●●さんの健康情報が役所でもわかるから、一つ一つ説明しないでも必要なサービスを提供できるようになりますよ。
・近い将来、役所でたらい回しされるようなことがなくなりますよ。
・住んでいるところが分からないような子供の情報をいろいろなところで

共有するから、対応が早くなります。
- 家庭内暴力（ＤＶ）やストーカーなどで被害にあっている方の情報を共有するから対応が早くなります。
- 小さいお子さんへの助成金や心身障害者の方、ひとり親の支援など、自治体によっていろいろな制度がありますが、それらの申請や認定がスピードアップします。
- 単独の自治体だけじゃなくて地域で連携するようなことも考えられますから、例えば町の境界線に住んでいて、隣の町の役所の方が近いような場合、町が違っていても同じ手続きができるようになることなどができるようになります。

■ポイント

「個人番号を活用した今後の行政サービスのあり方に関する研究会」（総務省）では独自利用事務において様々な項目を予測して協議しています。自団体に該当する場合は、積極的に説明をするようにしましょう。

①自治体がそれぞれの地域の特性に合わせて独自利用

マイナンバー制度では税、社会保障、福祉領域、防災領域において条例化をすることで個人番号を独自利用することができます。

②情報連携によるサービス

個人番号の活用により正確で確実な情報管理や他団体等との情報連携を通じたサービスの向上が実現可能であると期待されています。

③庁内情報連携

複数の部署で独自に持っている情報が共有され、対応が早くなることが期待されています。[17]

---

17 「Q18 情報共有がされることの具体的なメリットを教えてください」も参照

Q 18　情報共有がされることの具体的なメリットを教えてください

■答え方の例
＜基本文＞
　児童虐待、住居（居所）不明児童等への対応として、情報連携がより容易になることで、従来縦割りで各セクションが保有していた情報の共有が図られ、状況等を的確に把握できるようになります。
　例えば児童虐待が疑われる場合、役所の中では居住地や家族に関する情報を住民部門が持っています。検診などの記録は福祉の部局、就学情報などは教育部局がもっており、これらの情報を突合することで状況の把握が円滑になり、児童相談所や警察などとの情報共有をすることで対応を早くすることなどが期待されています。

＜かみくだき文＞
　児童虐待を例にします。家庭内の事になると外からはわからないのですが、虐待されているきざしが生活の中のいろいろな情報からわかる場合があります。
　例えば、学校に行かない、検診時に体を見せるのを嫌がる、ご近所に顔を出さない。こういった情報の一つ一つはそれぞれ担当する機関が持っていることがあります。
　これらの情報を合わせることができれば、虐待などの推測が立ち、児童相談所などとの連携によって早期に保護をするようなことが期待されます。

■ポイント
　「個人番号を活用した今後の行政サービスのあり方に関する研究会」（総務省）での検討事例の一つです。児童の保護は昨今の情勢からも国民の関心が高く、

直接的に関係のない方に説明する場合であっても理解が進みやすい項目です。
　①縦割りで各セクションが保有していた情報の共有が図られ
　縦割りにすることで不用意に情報が漏れることを防ぐ効果もありました。ですから縦割りイコール悪いことではなく、縦割りにも意味があることを踏まえて説明しましょう。
　②児童虐待が疑われる場合
　通報は児童の住居の近所の方、或いは学校から児童相談所に通報されるケースに加え、市区町村からの情報が入ることでより早期の対応できることが期待されています。

2　安全対応について

> **Q 19　役所のセキュリティはどうなっているのですか？**

■答え方の例
<基本文>
　<u>個人情報の漏えい事件などを受け、マイナンバー制度においてもセキュリティについて心配する声が上がっています。</u>
　そのため、<u>マイナンバー制度では利用事務等において、厳格な安全管理措置を講じることが義務化されています。</u>
　利用事務以外への提供は厳しく制限され、番号を利用する前にはその事務が個人情報にどのような影響を与えるか評価し、<u>適切な対策を講じたことを宣言することが義務付けられていて、</u>これを行わない場合は、業務を開始することができないことになっています。

<かみくだき文>
　●●さんの情報は決められた業務以外で使ってはいけない決まりになっていて、ほかの情報よりも厳しくなっています。
　決められた業務であっても、業務を始める前にはきちんと点検をして、国に報告をしないといけないことになっています。

■ポイント
　セキュリティに対して制度面及びシステム面での対策が義務付けられています。また、特定個人情報の取扱前には、特定個人情報保護評価が義務付けられています。この質問は、住民、議会などでも関心が高いため、注意が必要です。事実を説明しましょう。
　①マイナンバー制度においてもセキュリティについて心配する声が上がっています。

→ベネッセコーポレーションでの漏えい事件、年金機構（次項でも説明）の漏洩事件があり、社会的な注目を浴びています。

②マイナンバー制度では利用事務等において、安全管理には厳格な措置を講じることが義務化されています。

特定個人情報を取り扱うためのガイドライン（行政機関・地方自治体）（事業者）が示されており、これに従わない場合は法令違反になる場合があることが示されています。

③適切な対策を講じたことを宣言する

→特定個人情報保護評価（ＰＩＡ）[18]を意味します。ＰＩＡは特定個人情報の取り扱いに際し、影響を受ける個人のリスクを認識し、適切な措置を講じていることを確認したということを宣言するものです。

18　ＰＩＡ　Privacy Impact Assesment
　　「Q 22　安全管理体制が不十分なまま制度が始まってしまうのでは？」も参照

Q 20　特定個人情報とは何ですか？

■答え方の例
＜基本文＞
　特定個人情報とは、個人情報に個人番号が関連付けられている情報を意味します。生存している方に関しては番号のみでも特定個人情報になります。また安全管理措置上、亡くなった方の情報も保護の対象に入ります。
　特定個人情報は、利用事務として認められたもの以外への提供は何人たりとも禁止です。
　また、個人情報を集めて体系的に整理し、検索が可能にしたものを個人情報ファイルと言います。安全管理措置上、保護すべき対象となるものです。

＜かみくだき文＞
　番号がついた個人情報は特定個人情報と言って、ふつうのものよりも扱いを慎重にするようきまりができています。役所も会社もこの特定個人情報には安全について厳しいきまりを守らなければなりません。

■ポイント
　特定個人情報と個人情報の違いは個人番号があるかないかですが、個人情報を管理する際に、個人番号を機械的に変換して作った内部管理用の番号も個人番号となりますので注意が必要です。
　①特定個人情報
　→個人情報とは生存する個人を識別する情報ですが、特定個人情報となると亡くなった方の情報も保護の対象に入ります。これは特定個人情報によって遺族等、生存する方の情報にヒモづけられることがあるからです。
　②利用事務として認められたもの以外への提供は何人たりとも禁止です。

提供することも提供を求めることにも制限がかけられます。
　③個人情報を集めて体系的に整理し、検索が可能にしたもの
　個人情報ファイルは電子や紙に関わらず、どちらも対象となります。ちなみに番号法第2条第8項では、「特定個人情報」とは、個人番号をその内容に含む個人情報をいうとされています。
　また、同条第9項において、「特定個人情報ファイル」とは、個人番号をその内容に含む個人情報ファイルをいうとされています。

Q 21　年金機構のような漏えいは起きないのでしょうか？

■答え方の例
<基本文>
インターネットを介した攻撃は近年ますます巧妙になっています。
年金機構の漏えい事件では、メインとなるコンピュータから作業用のためデータを抜き出し、暗号化をしないままパソコン上で利用していた時に、仕事の連絡を装ったウイルス（マルウェア）メールによって感染し、被害が拡大したものです。さらに、関係機関などに報告が遅れたことも問題となりました。
特定個人情報は、許可された事務以外での利用は禁止され、かつサイバー攻撃への対策がされていないパソコン等で利用することはできません。被害が発生した場合でもすみやかに二次被害を防止するように、関係機関に速やかに報告や連絡をすることが義務付けられています。完全にサイバー攻撃を防ぐことは難しいですが、被害を最小限にする環境づくりが進められています。

<かみくだき文>
　●●さんの情報は許可された業務以外で使ってはいけない決まりになっていますし、パソコンなどはきちんと管理していないと使えないようになっています。また何か起きた場合はすぐに連絡をするなどの対策を取る決まりになっていますから、同じようなことは起きにくくなっています。

■ポイント
漏えいそのものを完全に防止することはできません。絶対大丈夫ですという言葉は使えないので注意する必要があります。過去の教訓を活かした改善策が講じられているということを伝えると良いでしょう。
①インターネットを介した攻撃は近年ますます巧妙になって来ています。

→2000年以降の情報セキュリティ上の脅威の変遷を見ていくと、マルウェアや攻撃手法・事例については、ほぼ毎年のように新種の形態が出現しているほか、標的・目的については、個人を標的とした愉快犯的なものから組織・重要インフラ・国家を標的とした経済犯・組織犯的なものに移行するなど、次第に高度化・複雑化している状況がうかがえます。
（平成26年度情報白書）
　②年金機構の漏えい事件では
　基幹系システムの使い勝手の関係で、データを抜き出してパソコン上で加工等の作業をするケースは多々見受けられます。他人事として見るのではなく、自身の仕事環境を振り返り、暗号化をする、万が一感染した場合はネットワークから切り離す、などの対策がとれるかどうか確認する必要があります。
　③許可された事務以外での利用は禁止され、かつサイバー攻撃への対策がされていないパソコン等で利用することはできません
　→安全管理措置の技術的安全管理措置では、アクセス制限などの技術的な標準について示されています。また、平成27年8月27日に、参議院内閣委員会で、日本年金機構がマイナンバーを扱う時期を遅らせるなどの修正を加えたうえで、自民・公明両党と民主党などの賛成多数で可決されましたが、同委員会の質疑で、ＩＴ政策を担当する山口沖縄・北方担当大臣は、「サイバー攻撃への対応策が不十分な地方自治体も制度の運用に加えるのか」と問われたのに対し、「出来ていない自治体は制度に入れない」と述べました。（ＮＨＫニュースより）

Q 22　安全管理体制が不十分なまま制度が始まってしまうのでは？

■答え方の例
<基本文>
　特定個人情報ファイルを保有しようとする、あるいは保有する行政機関や地方公共団体等は事務の開始前に特定個人情報保護評価を行うことが義務付けられています。
　特定個人情報保護評価とは、特定個人情報を取り扱う前に、個人のプライバシーの権利利益に与える影響を予測し、リスクを認識し、リスクを軽減させる<u>適切な措置を講じていることを宣言</u>するもので、対象としては行政機関や地方公共団体等の利用事務となります。
　この宣言は<u>特定個人情報保護評価書</u>に記載され、特定個人情報保護委員会に提出されます。同委員会はこれが適切である場合承認をし、それによって業務を開始することができます。
　なお、<u>特定個人情報保護評価は特定個人情報を保有する数や職員数によって報告すべき評価書の様式が異なっています。</u>数が多いほどより精緻な検証をするしくみになっています。

<かみくだき文>
　市役所（町村役場）では●●さんの情報を扱う前に特定個人情報保護評価と言って、仕事の事前点検をして国の委員会に報告をしないとその仕事をやってはいけないことになっています。

■ポイント
　特定個人情報保護評価はＰＩＡ（Ｐｒｉｖａｃｙ　Ｉｍｐａｃｔ　Ａｓｓｅｓｍｅｎｔ）とも呼ばれ、特定個人情報を取り扱う前に行わなければならない

自己評価です。これは利用事務として番号法別表にしめされた事務が対象であって、主に民間が行う、源泉徴収票などの支払調書や社会保険の業務は関係事務と呼ばれ、ＰＩＡの対象にはなりません。（行政機関等でも職員の給与や社会保険も同様に対象にはならない）

①適切な措置を講じていることを宣言

適切な措置については特定個人情報を適切に取り扱うガイドライン等を反映した自治体独自のセキュリティポリシー等に従うことを前提とされています。

②特定個人情報保護評価書

特定個人情報保護委員会が示す特定個人情報保護指針に沿って定められた様式です。

③特定個人情報を保有する数や職員数によって報告すべき評価書の様式が異なっています。

業務毎の取扱人数、取り扱う職員等の数によって構成されたしきい値を基に基礎項目評価、重点項目評価、全項目評価の３種類の報告のどれかを行うことになっています。しきい値については以下のように定められています。

ここでいう評価実施機関とは自治体等、対象人数は特定個人情報で示される数、取扱者数とは、評価実施機関および委託先の従業者のうち、当該特定個人情報ファイルを取り扱う者の数とされています。

①基礎項目評価

1) 対象人数が1,000人以上1万人未満

2) 対象人数が1万人以上10万人未満であり、かつ、取扱者数が500人未満であって、過去1年以内に評価実施機関における特定個人情報に関する重大事故の発生がない場合

②重点項目評価（基礎項目評価に加えて）

1) 対象人数が1万人以上10万人未満であり、過去1年以内に評価実施機関における特定個人情報に関する重大事故の発生があった場合

2) 対象人数が1万人以上10万人未満であり、かつ、取扱者数が500人以上の場合

3) 対象人数が10万人以上30万人未満であり、かつ、取扱者数が500人未

満であって、過去1年以内に評価実施機関における特定個人情報に関する重大事故の発生がない場合
　③全項目評価（基礎項目評価に加えて）
　1) 対象人数が10万人以上30万人未満であり、かつ、取扱者数が500人以上の場合
　2) 対象人数が30万人以上の場合は、基礎項目評価及び全項目評価

Q 23　事故が起きた場合はどうするのか？

■答え方
<基本文>
　万が一事故が起きた場合には、二次被害を防止すること等、組織的な連絡体制での対応が定められています。
　各自治体には<u>総括責任者</u>と呼ばれる組織内すべての特定個人情報の安全管理に責任を持つ者が設置され、特定個人情報を取り扱うそれぞれの部課には<u>保護責任者</u>が配置されます。事故が起きた場合、現場の<u>取扱担当者</u>は速やかに保護責任者を通じて総括責任者に報告をすることになっています。
　また、管理体制を監査する、<u>監査責任者</u>を置くことで管理の監視と改善をすることになっています。

<かみくだき文>
　●●さんの情報を守るために、組織全体で対処することがたくさん決められています。例えば情報が漏れた場合には、すぐに関係するところに連絡が行って、できるだけ被害が広がらないようしくみができています。

■ポイント
①組織的な連絡体制
→総括責任者に対して保護責任者は報告を行い、事故の内容などを公表するなどして、二次被害等の防止をすることが求められています。
②総括責任者
→総括責任者は各団体に1名おかれ、安全管理体制の総括的責任を担います。
③保護責任者
→保護責任者は、特定個人情報を取り扱う事務の所轄課室等におかれます。

④取扱担当者
　→特定個人情報を取り扱うことができる担当者です。
　⑤監査責任者
　→直接的に業務に関係しない第三者による監査および評価、改善勧告等を行います。

3　通知カードについて

Q 24　通知カードとはなんですか？

■答え方の例
＜基本文＞
各世帯宛に個人番号を記した通知カードが送付されます。
通知カードの手数料は不要で、平成 27 年 10 月中旬以降をめどに、全国民に郵送で送付されるので市区町村に取りに行く必要はありません。
この通知カードには、12 ケタの個人番号が記載されています。（図 16 参照）

＜かみくだき文の例＞
　10 月の中頃から通知カードが届きます。この中に●●さんのマイナンバーが記載されています。これは後でいろいろな手続きに使いますから、クレジットカードと同じように他の人に知られないように大切に保管してしてください。

■ポイント
①通知カードが送付
→通知カードとは、個人番号が記載されたカードで世帯単位に簡易書留で送付されます。同時に番号カード及び電子証明の申請書も同封されていますので、これらの記入も促進する必要があります。
②全国民に郵送で送付されるので市区町村に取りに行く必要はありません
→ 10 月 5 日時点（番号法施行日）の住民所在地充てに簡易書留で送付することになっています。早い段階で住民の方に居所と住民票の一致を呼び掛けてください。
不一致は返戻調査の対象となります。
例えば、被災者やＤＶなどでやむを得ず居所と住民票があっていない場合な

どがあります。その場合、基本的には居所へ住民票を移してもらいます。やむを得ない場合は現居所への通知カードの送付をすることになります。役所では、平成27年8月24日以降、送付先の変更を受け付けています。

　職員は近所の方で、居所と住民票が違う可能性のある方がいたら、注意を呼び掛けるなど、担当者と対応について相談しておくといいでしょう。

　③この通知カードには12ケタの個人番号が記載されて

　→この12ケタの個人番号は住民票コードをもとにしており、数字のみで構成されます。

Q 25　通知カードは何に使うのですか？

■答え方の例
＜基本文＞
　通知カードは、番号カードを受け取る前に番号が必要な手続きで利用することになります。
　その際通知カードのみでは手続きができないので、免許証等写真付きの他の証明書と合わせて申請します。
　通知カードは、身分証明書の代わりに使うことはできません。

＜かみくだき文＞
　●●さんの通知カードは来年1月以降に発行される写真付きの番号カードがもらえるまでは、いろいろな手続きで使いますから、大切に保管してください。使う時はこのカードのほかに写真付きの身分証明書が必要です。

■ポイント
①番号が必要な手続きで利用
→利用事務では個人番号を本人、あるいは関係事務実施者から提供を受けることになっています。
②通知カードのみでは手続きができない
→通知カードは番号が記載されており、申請時には他に本人確認のための身分証明書が必要です。番号が記載された住民票の利用も可能ですが、住民の方には通知カードを大切に保管していただくことを説明してください。意識していただくことで粗雑に扱うことを避け、紛失などを防ぐようにしましょう。
③身分証明書の代わりに使うことはできません。
　番号カードとは異なり、写真や公的個人認証のICチップがないので、身分

3 通知カードについて 65

証明書の代わりに使うことはできません。

図16 個人番号カード総合サイト
https://www.kojinbango-card.go.jp/index.html

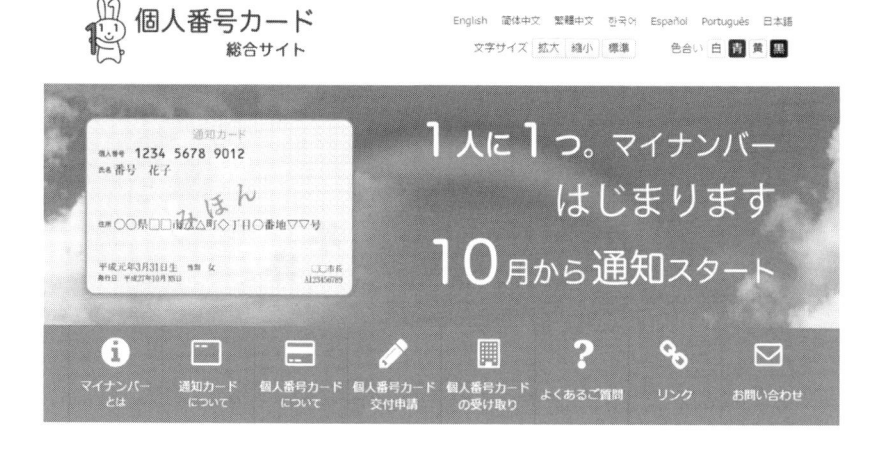

Q 26　通知カードから番号カードに換えるのはどうすればいいですか？

■答え方の例
＜基本文＞
通知カードとともに、番号カードの申請と、電子証明書の申請ができる用紙が入っています（図17）から、こちらに写真と必要事項を記載して申請します。申請はそのまま返信するか、オンラインでの申請が想定されています。
　交付の場所等は、改めてお住まいの市区町村が定めます。（図18)なお番号カードの初回交付手数料は無料になります。

＜かみくだき文＞
　通知カードが送られてくると、番号カードを申請する書類が入っています。書類をよく読んで、必要なものをそろえて申し込むと、平成28年1月以降に交付されます。

■ポイント
番号カードは申請方式なので、できるだけ多くの方にその利便性を説明し、活用を促すことが求められています。
　①通知カードとともに、番号カードの申請と、電子証明書の申請ができる用紙が入っています
　→写真はスマホなどで自分で撮ったものも認められていますが、6か月以内であることや、無帽であることなど決まりがありますので、よく確認します。
　②申請はそのまま返信するか、オンラインでの申請
　→記載事項の不備などがないように、役所側では、対応窓口やＨＰなどでの事前サポートも充実する必要があります。
　③番号カードの初回交付手数料は無料になります。

3　通知カードについて　67

図17　通知カード、個人番号カード交付申請書の様式（案）
公表済み自治体のサイトより

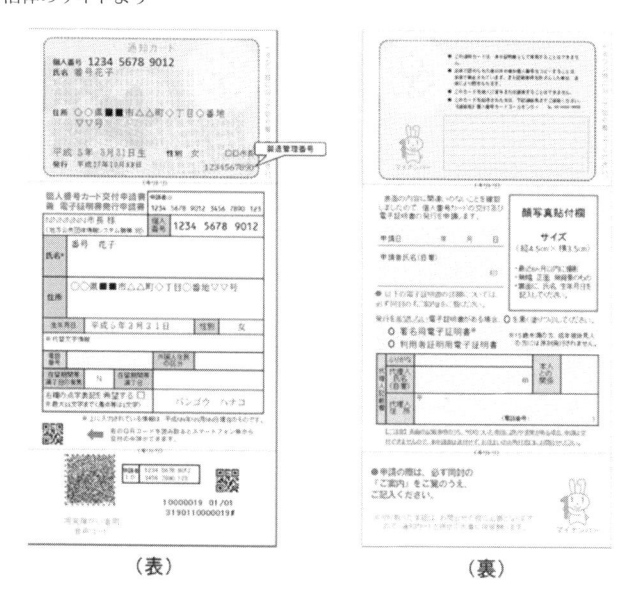

（表）　　　　　　　　　（裏）

図18　個人番号カード交付、電子証明書発行通知書兼照会書の様式（案）
公表済自治体のサイトより

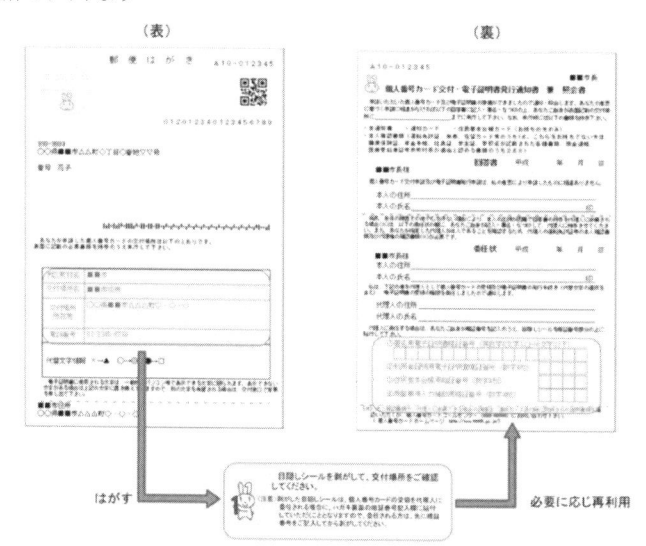

（表）　　　　　　　　　（裏）

はがき　　　　　　　　　必要に応じ再利用

→再交付の場合、発行主体に起因するミス等の場合は無料ですが、それ以外の国庫の負担はないことを考え、再交付に関する手数料や手順等を決めておく必要があります。番号カードの原価を考慮した上での手数料等を考慮する、さらに地域で取り決めをすることも考えられます。

Q 27　ＤＶ被害者で住所は古いままなのですが

■答え方の例
＜基本文＞
　東日本大震災の被災者、ＤＶ被害者、児童虐待被害者などやむを得ないで住民票と住居が違う場合があります。
　現在の居所に住民票を移すことが原則ですが、やむを得ない理由で現住所に転居の届けができず、かつ住民票の旧居所に通知カードが送られるのが望ましくない場合があります。
　現在の住居地に番号通知カードを送付してもらうことができますので、早めにご相談ください。また、できるだけ早く転入の手続きをしたうえで「ＤＶ等支援対象者」の申請をするようにしてください。

＜かみくだき文の例＞
　まずは現住所の役所に転入届を出していただくことですが、何らかの理由で難しい場合、●●さんの前のご家族の所ではなく、今住んでいるところに通知カードを送ることができます。

■ポイント
①東日本大震災の被災者、ＤＶ被害者、児童虐待被害者
→ＤＶは他の市区町村、児童虐待などでは保護施設に居住実態がある場合があります。
②様々な理由で現住所に転居の届けができず、かつ住民票の旧居所に通知カードが送られるのが望ましくない場合
→住民票と個人番号の関連があるだけですので、実際の居所情報とはヒモ付けされません。また、代理人が番号を利用する手続きには代理権限の証明が必

要です。

　ただし、運転免許証やパスポートなどの本人確認書類がＤＶ等の加害者などの第三者が保有している可能性がある場合には、第三者による「なりすまし」のおそれがあります。現在の居所のある市区町村への転入とＤＶ等支援措置の申出を強くお勧めしてください。

　③ＤＶ等支援対象者

　→申出により「ＤＶ等支援対象者」となった場合には、本人の転入先の新しい住所について、加害者が「住民基本台帳の一部の写しの閲覧」、「住民票の写し等の交付」及び「戸籍の附票の写しの交付」の請求によって知ろうとしても、これらの請求を制限する措置が講じられます。

Q 28　通知カードは受け取りません

■答え方の例
<基本文>
　マイナンバー制度では、住民票を持つすべての方に番号が付与され、これをもとに国民の負担を少なくし、公平公正な税と社会保障と災害での被災者支援を目的に利用が開始され、手続き上必須のものとなりますが、それ以外の領域での利用は厳しく制限されています。また、個人の情報はそれぞれの市区町村等にあり、国は一元管理することはありません。制度にご理解を頂き、受け取っていただけますようお願いいたします。

<かみくだき文>
　番号は国民すべてにつきますけど、●●さんが役所に何度も出向くのを少なくし、税金をちゃんと納めている人とそうでない人をわけたり、いろいろなサービスを受け忘れすることを防ぐことが目的でそれ以外には使ってはいけないことになってます。●●さんの生活を管理するとか監視するとかではありません。受け取っていただけませんか？

■ポイント
　受け取り拒否の方は様々な背景を持っています。制度の利点を粘り強く説明し、理解を得ることが基本です。
　①国民の負担を少なくし→何度も来庁する手間や他の関係機関に足を運ぶ手間を極力なくします。
　②公平公正な税と社会保障と災害での被災者支援→国民の権利と義務をきちんと公平にするために個人情報の紹介と提供を行います。
　③それ以外の利用は厳しく制限されています→利用制限と提供制限があり、

予めさだめられた事務以外は利用禁止です。また、個人データは各自治体等にあって、国が一元管理しません。

4　番号カードについて

Q 29 番号カードとは何ですか？

■答え方の例
<基本文>
　番号カードとは本人確認の際に、それ一枚で本人証明が可能になるものです。
　券面には本人の写真のほか、「氏名」、「住所」、「生年月日」、「性別」、「個人番号」が記載され、これらの事項がICチップに記録されます。
　さらに地域によっては住民の方の利便性の向上のため、条例で定める事務に独自利用することができます。
　また、マイナ・ポータルと呼ばれる本人専用サイトへのログイン時の公的個人認証に利用されます。
　カードは通知カードとは異なり、本人の申請が必要です。手数料は初回交付時は無料になります。

<かみくだき文>
　番号カードがあると、身分証明書として使えますよ。またICチップと言って、カードそのものにデータが記録されるので、インターネットでの確定申告などで使うときに利用できます。このカードは通知カードをもらった時に申請できる用紙が一緒に入ってますからこれを使って申請してもらえれば、28年1月以降に受け取ることができます。写真も必要なので、説明をよく読んで申請してくださいね。

■ポイント
　番号カードは番号が記載されていると同時に、本人証明の有効な手段としても期待されています。できるだけ多くの方に内容を理解していただき、使用していただくようにしましょう。

①ＩＣチップに記録されます。

→ＩＣチップには、プライバシー性の高い個人情報、例えば地方税関係情報や年金給付関係情報等は記載されません。

②条例で定める事務に独自利用することできます。

→税・社会保障・災害分野の領域において番号が利用できますが、条例化が必要です。

③カードは通知カードとは異なり、本人の申請が必要です。

→通知カードは住民に直接送付されますが、番号カードは申請が必要です。申請はできるだけ来庁回数を少なくすることを旨とし、適切な方法が選択できるようにします。想定されるものとして、来庁時交付方式、申請時交付方式、勤務先一括申請などがあり、さらに場合によって柔軟に対応するケースも想定されます。

図19　個人番号カード

マイナンバー　社会保障税制度　概要資料
（平成27年5月版　内閣官房社会保障改革担当室　内閣府大臣官房番号制度担当室）P7より

個人番号カード

市町村長は、当該市町村が備える住民基本台帳に記録されている者に対し、その者の申請により、その者に係る個人番号カードを交付するものとする。（第17条第1項）

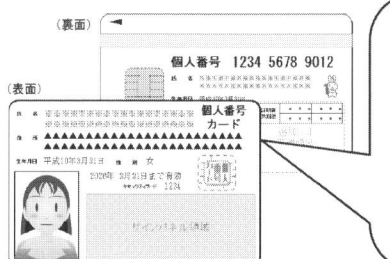

■ 個人番号カード(ICチップ)に記録されるのは、①券面記載事項(氏名、住所、生年月日、性別、個人番号、本人の写真等)、②総務省令で定める事項(公的個人認証に係る『電子証明書』等)、③市町村が条例で定めた事項等、に限られる。
『地方税関係情報』や『年金給付関係情報』等の特定個人情報は記録されない。
プライバシー性の高い個人情報は記録されません。

① 個人番号カードは、本人確認の措置において利用する。（第16条）
② 市町村の機関は、個人番号カードを、地域住民の利便性の向上に資するものとして条例で定める事務に利用することができる。（第18条第1号）
③ マイナポータルへのログイン手段として、「電子利用者証明」の仕組みによる公的個人認証に利用する。
④ 個人番号カードの所管は、総務省とする。

Q 30　通知カードと番号カードの違いは何ですか？

■答え方の例
＜基本文＞

通知カードは10月5日の施行日以降、住民一人ひとりに個人番号を通知するもので、番号確認ができます。

番号カードは、申請した人に対して交付される、それ1枚で番号確認と本人証明ができるカードです。

そのため、通知カードを個人番号の提供をする行政事務で利用する場合は、別途本人証明の書類も必要です。

＜かみくだき文＞

●●さんのところに来る通知カードは番号が書かれていて、これは免許証などと合わせると、役所での手続きに使えます。番号カードを申請していただけますと、免許証などが要らなくなります。表は身分証明書としても使えるので持っていると便利です。

■ポイント

住民の方には番号カードを持っていただくことをお勧めします。
①住民一人一人に個人番号を通知するものです。
→通知カードの目的は個人番号の通知と、番号カードを取得するまでの番号の証明書類であることを説明してください。
②番号カードは、申請した人に対して交付される、それ一枚で番号確認と本人証明ができるカードです。
→カードの申請時に、公的個人認証の申請、さらに顔写真が必要であることを説明してください。

③通知カードを個人番号の提供をする行政事務で利用する場合は、別途本人証明の書類も必要です。
　→通知カードのみだと本人確認書類が必要であることを説明し、番号カードであれば本人確認と番号確認が一枚で済むということを伝えて、番号カードの利用促進をしましょう。

Q 31　住民基本台帳カードと番号カードの違いは何ですか？

■答え方の例
＜基本文＞

住民基本台帳カード平成 15 年 8 月 25 日から、希望する方に対して、<u>住居地の市区町村が交付しています。</u>このカードには<u>公的個人認証がつけられ、写真付きのものとそうでないものが選択でき</u>、写真がある場合は身分証明書としての利用ができました。

今後、段階的に番号カードへと移行していくことになります。

＜かみくだき文＞

住民基本台帳カードには個人番号がないので、様々な手続きにつかうのには番号カードの方が便利ですよ。これから徐々に住民基本台帳カードはなくなり、番号カードに移っていきますから、切り替えていくことをおすすめします。

■ポイント

住民基本台帳カードは、今後番号カードに切り替わることを説明し、番号カードの利用の促進を図ります。

①住居地の市区町村が交付しています。

→交付率は平成 26 年 3 月時点で約 5.2%、666 万枚（有効交付枚数）です。

②公的個人認証がつけられ、写真付きのものとそうでないものが選択でき

→住民票コードの券面記載はありません。また身分証明としては公的個人認証機能と写真は選択制でした。そのため、マイナンバー制度開始後、写真付きの場合、通知カードと合わせて本人証明として利用することは可能です。また、公的個人認証は有効期限まで利用することができます。

③今後段階的に番号カードへ移行していくことになります

→平成28年1月から住民基本台帳カードの新規発行は行いません。(27年12月末までの交付から10年は利用可能)また、番号カードを申請し、交付を受ける際に、住基カードは廃止され、回収されます。住民基本台帳カードは引き続き利用できますが、公的個人認証は新規発行されないため、期限(3年)前には切り替えが必要になります。[19]

図20 個人番号カード、通知カードについて

マイナンバー　社会保障税制度　概要資料
(平成27年5月版　内閣官房社会保障改革担当室　内閣府大臣官房番号制度担当室) P5より

	住民基本台帳カード	個人番号カード	通知カード
1 様式	○住民票コードの券面記載なし ○顔写真は選択制	表面(案)　裏面(案) ○個人番号を券面に記載(裏面に記載する方向で検討) ○顔写真を券面に記載	(案) ○個人番号を券面に記載 ○顔写真なし
2 作成・交付	○即日交付又は窓口に2回来庁 ○人口3万人未満は委託可能 ○手数料:1000円が主(電子証明書を搭載した場合) ○交付事務は自治事務	○通知カードとあわせて個人番号カードの交付申請書を送付し、申請は郵送やオンライン等で受け付けるため、市町村窓口へは1回来庁のみ(顔写真確認等)を想定 ○全市町村が共同で委任することを想定。民間事業者の活用も視野 ○手数料:無料 ○有効期限が設けられている ○交付事務は法定受託事務	○全国民に郵送で送付するため、来庁の必要なし。 ○全市町村が共同で委任することを想定。民間事業者の活用も視野 ○手数料:なし ○交付事務は法定受託事務
3 利便性	○身分証明書としての利用が中心	○身分証明書としての利用 ○個人番号を確認する場面で番号法上義務付けられている本人確認に利用(就職、転職、出産育児、病気、年金受給、災害等) ○市町村、都道府県、行政機関等による付加サービスの利用 ○電子証明書による民間部門を含めた電子申請・取引等における利用	○個人番号カードの交付を受けるまでの間、行政機関の窓口等で個人番号の提供を求められた際に利用可能 (番号法に基づく本人確認のためには、通知カードのほか主務省令で定める書類の提示が必要。)

19　「Q 37　住基カードはいつまで使えますか?」も参照

> **Q 32　番号カードを紛失したらどうすれば良いですか？**

■答え方の例
＜基本文＞
番号カードを紛失した場合は、それが発行主体に起因するミス等以外は手数料を支払っての再発行になります。市区町村の窓口で再発行の申請をしてください。

＜かみくだき文＞
　番号カードをなくしたら、すぐに役所に届け出てください。手数料はかかりますが、再発行できますよ。

■ポイント
初期での配布は国庫が負担しますが、それ以降は各市区町村で対応を検討する必要があります。
①それが発行主体に起因するミス等
→ＩＣチップの破損などが考えらえます。
②市区町村の窓口で再発行
→再交付手数料の必要性について検討し、必要な場合は手数料条例の改正を行い、所要の措置を講ずる必要があります。

Q 33　番号カードは保険証代わりに使えるのですか？

■答え方の例
<基本文>
　厚生労働省はマイナンバー制度で個人番号カードに、<u>健康保険証と同じ役割を持たせる方針を固めています</u>。
　これが実現しますと、医療機関でカードを提示すれば、<u>健康保険の情報を確認でき</u>、保険証代わりに使えることになります。
　個人番号は医療機関が直接扱うことは認められていないため、個人番号とは別に<u>医療向け番号をつくり</u>、患者がカードを提示すると医療向け番号を読み取り、加入する医療保険や受診歴などが分かる仕組みづくりが想定されています。

<かみくだき文>
　近い将来、この番号カードがあれば保険証の代わりに使えるようになりますよ。

■ポイント
　医療領域での利用は前向きに検討されています。詳細は未定の部分もありますので、方向として使うという説明になります。
　①健康保険証と同じ役割を持たせる方針を固めています。
　→その他年金保険証なども想定されています。
　②健康保険の情報を確認でき・・・
　→医療機関と支払基金等が情報を連携し、医療保険資格を確認することができるようになるとされています。
　③医療向け番号をつくり
　→この医療番号は、将来的には医療研究に利用することも想定されています。

Q 34　番号カードの有効期限はどのくらいですか？

■答え方の例
<基本文>
番号カードの有効期限は 20 歳以上の場合 10 回目の誕生日まで、未成年者の場合は発行から 5 回目の誕生日までとされています。

また、外国人住民の場合、永住者および特別永住者については、個人番号カードの有効期間は、日本人と同じになりますが、永住者以外の中長期在留者（在留期間は最大 5 年）や一時庇護許可者又は仮滞在許可者等は、それぞれの在留資格や在留期間に応じます。

<かみくだき文>
　番号カードは 20 歳以上の方は約 10 年間、未成年の方は約 5 年間有効です。

■ポイント
①番号カードの有効期限
公的認証の有効期限は番号カードと異なり 3 年ですから注意します。
②未成年の場合
未成年の場合は容貌の変化が著しいことが想定されるために 5 年間での更新になります。
③外国人住民の場合
申請によって有効期間を変更することが可能です。

4　番号カードについて　85

図21　年齢による個人番号カードの交付方針（総務省）
http://www.soumu.go.jp/kojinbango_card/03.html

カード発行時の年齢	カードの有効期間	利用者証明用電子証明書	署名用電子証明書
20歳以上	10回目の誕生日	5回目の誕生日	5回目の誕生日
15歳以上〜20歳未満	5回目の誕生日(*1)	5回目の誕生日	5回目の誕生日
15歳未満	5回目の誕生日(*1)	5回目の誕生日(*2)	×(*3)

*1：20歳未満については、容姿の変動が大きいことから、顔写真を考慮して5回目の誕生日とする。
*2：15歳未満については、法定代理人がパスワードを設定する。
*3：15歳未満については、署名用電子証明書を原則として発行しない（実印に相当するため）。

図22　外国人住民の個人番号カードの有効期間について（総務省）
http://www.soumu.go.jp/kojinbango_card/03.html

外国人住民の個人番号カードの有効期間について

○ 住民基本台帳カードと個人番号カードの有効期間

区分	住民基本台帳カード	個人番号カード
永住者および特別永住者	（日本人の場合と同様）	
永住者以外の中長期在留者（在留期間は最大5年）	カード発行日から在留期間の満了の日まで	同左 ただし
一時庇護許可者又は仮滞在許可者	カード発行日から上陸期間又は仮滞在期間を経過するまで	
出生による経過滞在者又は国籍喪失による経過滞在者	カード発行日から出生した日又は日本の国籍を失った日から60日を経過する日まで	

○ 個人番号カードの有効期間の取扱いに係る留意事項

■本人からの申請に基づき、個人番号カードの有効期間を変更することが可能
①カード有効期間変更業務
　在留資格の変更又は在留期間の更新により在留期間に変更が生じた場合（*1）（日本人の場合の個人番号カードの有効期間を超えない範囲で、）新たな在留期間の満了の日にカード有効期間を変更可能。
②特例期間延長業務
　在留期間の特例が生じる場合（*2）は、特例期間の満了日までカード有効期間を延長。

（*1）3月以下の在留期間が決定された場合及び短期滞在等の在留資格へ変更された場合を除く。
（*2）在留期間満了日前に在留資格の変更又は在留期間の更新の許可申請をし、満了日までに許可が下りなかった場合は、許可が下りるまで（最長2月まで、従前の在留資格により適法に在留することができる。（入管法第20条第5項及び第21条第4項が準用する第20条第5項）

Q35 番号カードを持つことで今後どのような メリットがありますか？

■答え方の例
＜基本文＞
個人番号を証明する書類、本人確認の際の身分証明書、<u>付加サービスを加えた多目的カード</u>、各種行政のオンライン申請、各種民間のオンライン申請、<u>コンビニなどでの各種証明の取得</u>などが想定されていいます。

＜かみくだき文＞
　番号カードは、民間会社のサービス利用なども考えられています。また、各自治体によって独自のサービスが検討されていて、図書館カードとしても使えるようになります。

■ポイント
番号カードはICチップを搭載することで、空き領域に独自サービスを付加することも想定されており、将来的にその利用範囲が広がっていきます。
①付加サービスを加えた多目的カード
→健康・医療情報の記録として、母子手帳、予防接種記録、血液型、診察券、アレルギー歴、お薬手帳、学歴・職歴など、緊急時の情報活用として、避難所への入所記録や救急搬送記録等、転出転入記録、行政ポイントカードなどがアイディアとして出されています。

③コンビニなどでの各種証明の取得
→例えば遠隔地での戸籍証明や印鑑証明等をコンビニで受け取ることなどが検討されています。

図23　資料2 個人番号カードの普及・利活用について
個人番号を活用した今後の行政サービスのあり方に関する研究会（第4回）
http://www.soumu.go.jp/main_content/000324412.pdf

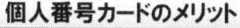

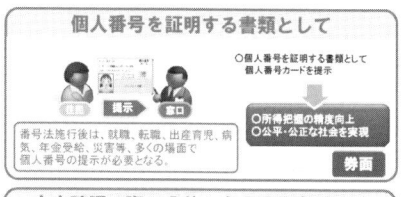

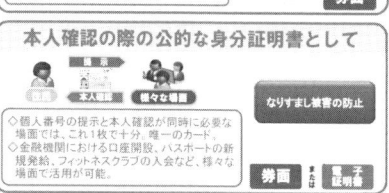

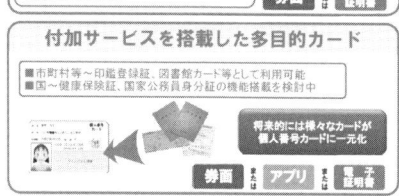

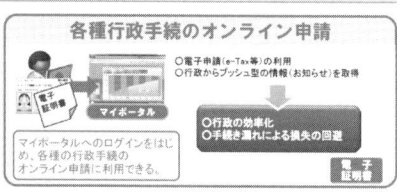

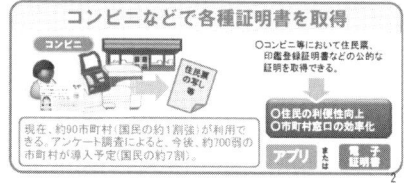

Q 36　番号カード利用にはどのような注意が必要ですか？

■答え方の例
<基本文>
　番号カードの表面には住所、氏名、年齢、性別、顔写真が記載されており、これは身分証明書として使えます。ところが裏面には個人番号と氏名、生年月日が記載されていますが、個人番号は決められた行政手続き以外に提供することができないということを守る必要があります。
　例えばレンタルショップなどで身分証明のコピーなどをする際、裏面をコピーされないようにカバーをするなど、第三者に提供しないように自己管理をしていただく必要があります。よく番号はクレジットカードの番号と同じと言われますが、クレジットカードを使わない方への説明であれば、銀行の暗証と同じだと意識してください。
　また、紛失した場合、速やかにお住まいの市区町村に届け出をして相談をしてください。

<かみくだき文>
　番号カードの表面は身分証明書として使えますが、裏面はコピーやメモをされないよう気をつけてください。この番号は銀行の暗証番号と同じくらい用心して、役所で使う以外には、他の人には見せないようにしてください。[20]

■ポイント
番号カードの裏面には番号があるため、見せないようにするということ、紛

20　厳密には見せても取得されなければ法的な問題はありませんが、セキュリティ意識を高めるためには、このような言い回しも時には必要と考えられます

失や盗難にあった場合すぐに届け出をし、必要に応じて番号を変える等の手続きを取るように説明します。番号が漏れた場合でも、成りすましを防ぐ措置は講じられていくことになりますが、やはり本人の自己管理意識を高めることが第一と言えます。

　①裏面には個人番号と氏名、生年月日が記載されていますが、個人番号は決められた行政手続き以外に提供することができないということを考慮します。

　→表面は公的な身分証明書となります。裏面の個人番号は他者に提供されない工夫が必要です。提供とは、メモを取られたり、コピーされたりすることです。

　②身分証明のコピーをする。

　→一旦手を離れてコピー機にかける段階で裏面をコピーされる可能性もありますので、カバーをかける等の工夫が必要です。

　③他人に知られないように自己管理

　→銀行の暗証番号については世代を超えて人に知られないようにする意識が行きわたっていると考えられます。個人番号は、クレジットカードの番号に近いものの、クレジットカードを持ったことのない方には、安全意識という意味では例えに使うことも考えられます。相手によって判断してください。

Q 37　住基カードはいつまで使えますか？

■答え方の例
<基本文>
　平成28年1月より番号カードが発行され、住基カードの新規発行は終了します。
　住基カード発行は27年12月の開庁日までで、そこから10年間有効です。ただし、公的個人認証については切り替えた場合でも最長3年となり、(切り替えない場合は有効期限まで) 住基カードではそれ以降公的個人認証は使えないとお考えください。
　番号カードへの早期切り替えをお勧めします。

<かみくだき文>
　住基カードは来年 (28年1月) 以降、新しく作れなくなります。公的個人認証も切り替えても3年までしか使えないので、番号カードに切り替えてください。切り替えれば公的個人認証も更新できますよ。

■ポイント
　eTAXなどで公的個人認証を利用している場合、有効期限切れに注意する必要があります。(これは別途説明) そのため、eTAX申告前に期限が切れるような場合で番号カード発行が遅くなりそうな場合等は、一旦住基カードと公的個人認証を更新することも考えられますので注意します。
　①住基カードの新規発行は終了します。
　→原則として番号カードへの移行を推奨します。
　②10年間有効です。
　→番号カードへ切り替えた場合は住基カードは回収、廃棄されます。

③最長3年となり
→公的個人認証の有効期限に準じます。

図24 個人番号カードと住基カードとの関係

住基カードをお持ちの方へ（総務省）
http://www.soumu.go.jp/kojinbango_card/05.html

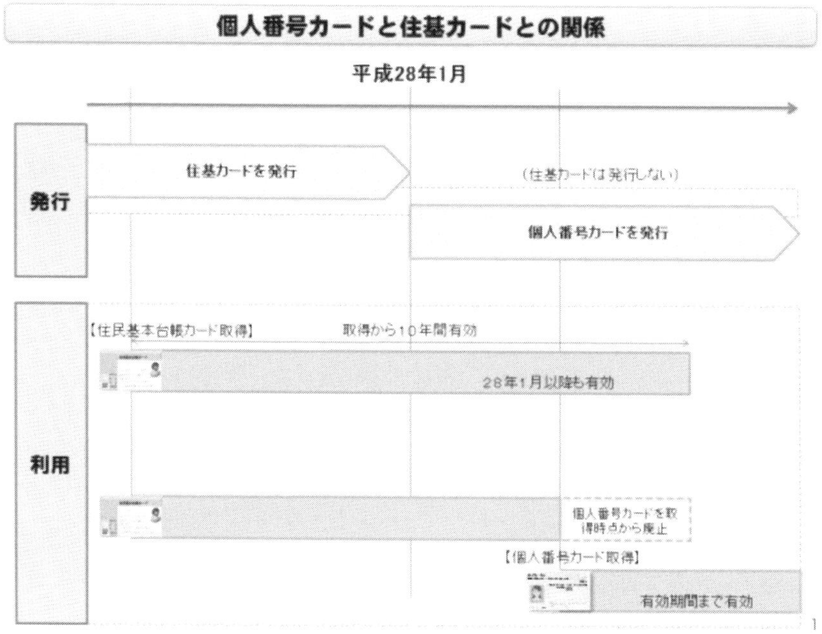

Q 38 番号カードは代理人が受け取ることはできますか？

■答え方の例
＜基本文＞
本人が直接受け取れない場合等で、本人が委任した代理人が所定の権利を持っていることが確認できる場合、受け取ることができます。
　その場合、代理人本人の証明（番号＋本人証明）、代理権の証明、本人の委託意志の証明、委託理由（来庁できない理由として、未成年であることが分かるもの、病気等の理由として診断書、施設入所をしている証明書、障害者手帳等）が必要になると考えられます。
　例えば親子などの場合で子供が未成年の場合は、番号カードか、ない場合は通知カードと写真付きの本人証明書類、法定代理人（親権者）であることの証明として戸籍謄本など血縁関係を証明する書類が必要になると考えられます。

＜かみくだき文＞
　代理人の方には、委任状に加えて、代理人さんの本人証明が必要になります。

■ポイント
①委任して代理人が所定の権利を持っていることが確認できる場合、受け取ることができます。
　→住基カード発行の時の考え方を応用して考えることができます。
　②代理人本人の証明
　→本人証明、権利証明、委任状の３つの要素が必要になります。
③親子などの場合
　→住基カードの場合、15歳未満の未成年者は親に発行する場合がありました。

5　民間事業者への説明

Q 39　民間事業者は何をするのですか？

■答え方の例
＜基本文＞
<u>民間事業者は社会保障分野、及び税分野で個人番号を関係諸機関に提供すること、登記済み事業者に関しては法人番号が付番されることにおいてマイナンバー制度に関わることになります。</u>

社会保障分野では、健康保険や年金などでの資格に関する業務で提出を要する書面に従業員等の個人番号を記載します。税分野では税務署に提出する法定調書等に、従業員や株主、その他該当する個人支払先の<u>個人番号（マイナンバー）を記載します。</u>

平成27年10月5日の施行日以降、全世帯に番号が通知され、民間事業者は28年1月より、従業員等の個人より番号を収集して提出することになりますが、平成27年内に事前収集することができます。

特定個人情報を取り扱う場合には、<u>利用制限や安全管理措置、提供制限など保護措置の遵守義務があり、</u>従わない場合には法令違反となる可能性もあります。これらの対応は組織的に行う必要があります。

また、取り扱い前に、取扱規程の見直しや教育研修、システム改修などが想定されます。

＜かみくだき文＞
　●●さんの会社の従業員などから集めた個人番号を、支払調書や社会保険の資格申請や変更等の業務でそれぞれ記入することになります。従業員から集めるときは、他の方に見られないように安全に管理することなど、守るべき義務があります。これを守らないと法律違反になるかもしれないから、気をつけてくださいね。

■ポイント

　申告などで個人番号を使うために個人番号を集め、既定の提出書類に記載することが求められますが、一般的に安全管理措置についての認識が低いため、安全に管理することが義務であることの説明も加える必要があります。

　安全に管理するための手順は、特定個人情報を適切に取り扱うためのガイドライン（事業者編）[21]として公表されており、わかりやすい説明資料も利用することができるので、こちらも活用します。

　①民間事業者は社会保障分野、及び税分野で個人番号を関係諸機関に提供すること

　→これらの業務は個人番号関係事務と呼ばれ、番号法で定められた別表にある個人番号利用事務に関連して個人番号を提供する事務とされます。自治体であっても職員の給与関係や社会保険関係は同様に関係事務となります。

　②個人番号（マイナンバー）を記載します。

　→源泉徴収票や社会保険の申請様式が変更され、記載することになります。そのために従業員等から個人番号の収集をしますが、扶養家族や雇用関係にある等、利用事務実施者が認めた場合で明らかに本人であることが確認できる場合を除き、本人確認が義務化されます。これは成りすまし等を防ぐ措置です。

　③利用制限や安全管理措置、提供制限など保護措置の遵守義務

　→関係事務を行うすべての事業者が対象になります。なお、従業員が100名に満たない、かつ個人情報取扱事業者でない場合は、中小規模事業者となり、安全管理措置で対応すべき項目に配慮がなされています。

21　平成27年12月11日　特定個人情報保護委員会

図25 平成28年1月から、社会保障、税、災害対策の行政手続きでマイナンバーが必要になります
マイナンバー　社会保障・税番号制度　民間事業者の対応　平成27年5月版 P3
内閣官房・内閣府・特定個人情報保護委員会・総務省・国税庁・厚生労働省

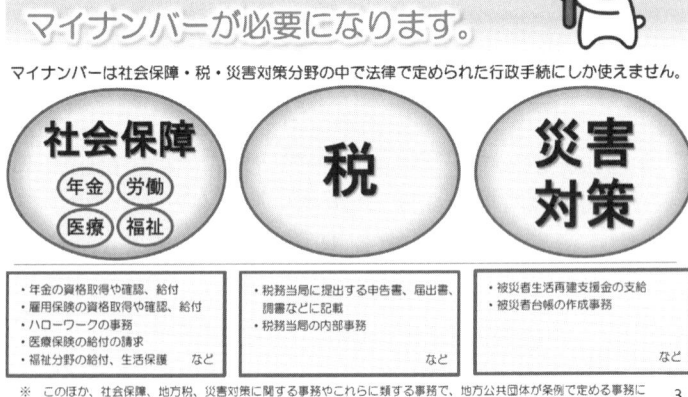

図26 民間事業者も制度開始に向けた準備が必要です
平成27年5月版 P8
内閣官房・内閣府・特定個人情報保護委員会・総務省・国税庁・厚生労働省

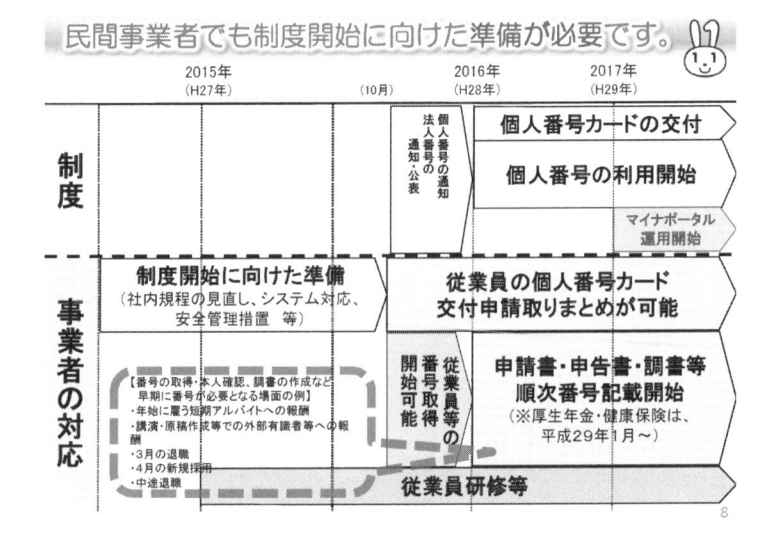

5 民間事業者への説明 97

図27 マイナンバー制度の施行に向け準備を進めてください
マイナンバー 社会保障・税番号制度 民間事業者の対応 平成27年5月版 P34
内閣官房・内閣府・特定個人情報保護委員会・総務省・国税庁・厚生労働省

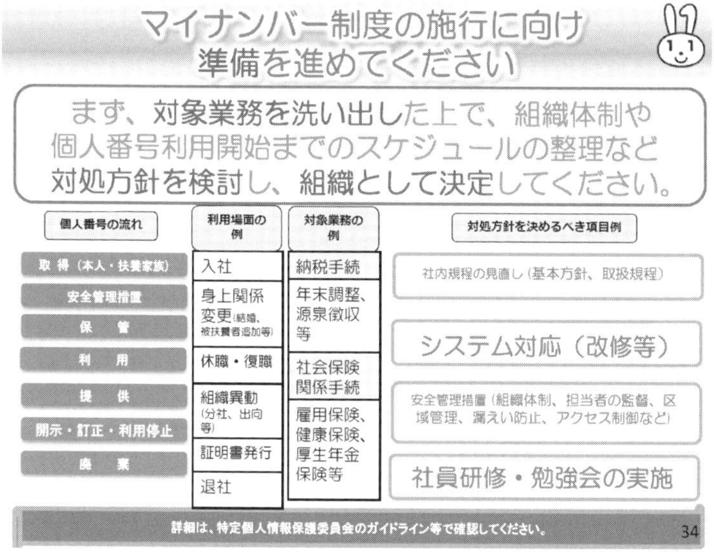

Q 40　法人番号とは何ですか？

■答え方の例
<基本文>
法人番号とは法務局に登記されている事業所に固有に付番される 13 ケタの番号です。
　個人番号とは違い、自由に使うことができ、ウエブサイトからダウンロードする事も可能です。
　法事番号は平成 27 年 10 月施行日以降に示されます。

<かみくだき文>
　●●さんの会社には法人番号が付きます。この番号は自由に使えるので、例えば顧客リストに使用するとか、営業に使うこともできます。

■ポイント
①法務局に登記されている事業所に・・・
→発行主体は国税庁長官で、所管は国税庁となります。以下が対象となります。
1) 国の機関及び地方公共団体
2) 会社法その他の法令の規定により設立の登記をした法人
3)1)2) 以外の法人又は人格のない社団等で、税法上、給与等の支払をする事務所の開設等の届出書、内国普通法人等の設立の届出書、外国普通法人となった旨の届出書、収益事業開始の届出書を提出することとされているものなど、一定の要件に該当するもの
4)1) ～ 3) 以外の法人又は人格のない社団等であって、政令で定める一定の要件に該当するもので、国税庁長官に届け出たもの

②ウエブサイトからダウンロード

→法人等の基本３情報（商号又は名称、本店又は主たる事務所の所在地、法人番号）の検索・閲覧可能なサービスがホームページ等で提供されます。ただし、人格のない社団の場合は、予め同意のある場合のみとなります。

図28　法人番号広報資料（国税庁）
https://www.nta.go.jp/mynumberinfo/pdf/houjinbangou_poster.pdf

Q 41 納税関係でやるべきことは何ですか？

■答え方の例
＜基本文＞
納税関係では、<u>従業員など給与を支給する場合や税理士等支払いをする個人で支払調書への記載が必要な場合</u>、本人より個人番号の提供を受け、<u>源泉徴収票を作成し</u>、報酬等に係る支払調書に個人番号と法人番号を記載し、税務署や市町村に提出します。
なお、なお、確定申告は28年度から適用されますが、28年度1月以降に個人に支払いをする場合は10月施行日以降に通知された<u>番号を個人から事前に集めることが可能です。</u>

＜かみくだき文＞
税の申告をする時、●●さんの従業員はもちろん、株主さん、賃貸物件のオーナー、研修の講師、などの個人で支払をする相手から個人番号をもらって、役所や税務署などに出さなければなりません。

■ポイント
個人番号の収集管理には安全管理措置を遵守しながら行うことを強調してください。民間の事業者の同措置への認識率は低いと考えて差し支えありません。
①従業員等給与を支給する場合や税理士等支払いをする個人で支払調書への記載が必要な場合
→支払調書は、従業員等の提出ではすべて必要ですが、ほか外部の個人への謝金として例えば「報酬、料金、契約金及び賞金の支払調書」は、外交員報酬、税理士報酬などは所得税法及び租税特別措置法に規定されている報酬、料金、契約金及び賞金の支払をする方が対象になります。一例として、「弁護士や税理

士等に対する報酬、作家や画家に対する原稿料や画料、講演料等については、同一人に対するその年中の支払金額の合計額が5万円を超えるもの」とされています。この場合、金額が明らかに満たない場合で支払調書を提出する必要がない場合、番号収集に迷う場合がありますから、国税庁などのQ＆Aを参考にする必要があります。

②源泉徴収票を作成し・・
→源泉徴収票に係る主なポイントは以下です。
 1) 平成28年分以後の源泉徴収票から、支払者の個人番号又は法人番号を記載して提出します
 2) 支払を受ける者の個人番号の記載
 3) 控除対象配偶者及び扶養親族の個人番号の記載
 4) 給与所得者の扶養控除等（異動）申告書の提出を受けることにより個人番号の提供を受ける場合、事業者等支払いを行う方は、支払を受ける方（従業員、個人株主等）の個人番号カード等により、本人確認を行う必要があります。なお、控除対象配偶者及び扶養親族の本人確認は、支払いを受ける方が行いますので、事業者等支払いを行う方は行いません。
 5) 提出する方（支払者）が個人の場合には、番号法に定める本人確認のため、次のいずれかの書類の添付が必要になります。
　・提出者本人の個人番号カードの写し
　・提出者本人の通知カードの写し及び免許証などの写真付身分証明書の写し
なお、提出する方（支払者）が法人の場合には、上記書類の添付は不要です。（法人番号を記載するため）
 6) 様式のサイズは、現行のA6サイズからA5サイズに変更されます。
③番号を個人から事前に集めることが可能です。
→10月の通知カードが到達した以降に従業員等から番号を28年1月の利用開始前に集めることができます。例えば、アルバイトの方などへ支払いをする場合も本人確認とともに番号を集めることになります。集めるときには本人確認の実施が義務付けられています。

図29　税務関係の申告書等に、マイナンバーを記載して提出します

マイナンバー　社会保障・税番号制度　民間事業者の対応　平成27年5月版 P9
内閣官房・内閣府・特定個人情報保護委員会・総務省・国税庁・厚生労働省

Q 42　社会保障関係でやるべきことは何ですか？

■答え方の例
<基本文>
　社会保険分野では、雇用保険、健康保険・厚生年金保険の資格に関連する業務において従業員等の本人より個人番号の提供を受け、様式等に記載して提出することになります。
　雇用保険では、雇用保険被保険者資格取得届や喪失届をハローワークに提出します。健康保険・厚生年金保険では健康保険・厚生年金保険被保険者資格取得届や喪失届を健康保険組合・日本年金機構等に提出します。
　納税関係分野と同様、個人番号を集める場合は安全管理措置に関する義務があることを認識し、必要な措置を講じた上で実施することが求められます。

<かみくだき文>
　●●さんの従業員の方の雇用保険や健康保険・厚生年金保険の業務でも個人番号を記載することになります。個人番号を集めるときは、決められた取扱担当者以外が触れることのないように、安全管理に気を付けてください。

■ポイント
　納税に関する支払調書の提出と同じように個人番号の提供を受けることになりますから、個人番号の収集管理には安全管理措置を遵守しながら行うことを強調してください。民間の事業者の制度への認識は低いと考えて差し支えありません。
　①雇用保険、健康保険・厚生年金保険の利用事務実施機関の例として以下があります。

（詳細は、「社会保障・税番号法別表第1」、「行政手続における特定の個人を識別するための番号の利用等に関する法律別表第一の主務省令で定める事務を定める命令（平成26年内閣府・総務省令第5号）」に定められている）
　→＜市町村＞
　生活保護法による保護の決定、実施事務　（例）生活保護の申請の受理、審査事務
　児童手当法による児童手当の支給事務　（例）児童手当の支給申請の受理、審査事務
　＜ハローワーク＞
　雇用保険法による雇用保険事務（例）被保険者資格取得届の受理・審査、離職票の交付事務、受給資格の決定・失業の認定事務
　＜労働基準監督署＞
　労働者災害補償保険法による年金給付の支給事務
　(例) 労災年金の請求の受理、審査事務
　＜厚生労働大臣（日本年金機構）＞
　健康保険法による健康保険に関する事務　（例）被保険者資格取得届の受理・審査
　厚生年金保険法による厚生年金保険に関する事務　（例）被保険者資格取得届の受理・審査、年金支給事務
　＜全国健康保険協会＞健康保険法による保険給付の支給等の事務
　（例）傷病手当金・出産育児一時金等の支給、限度額適用・標準負担額減額認定証等の交付の事務
　＜健康保険組合＞
　健康保険法による保険給付の支給等の事務（例）被保険者資格取得届受理・審査、傷病手当金・出産育児一時金等の支給、限度額適用・標準負担額減額認定証等の交付の事務
　②本人より個人番号の提供を受け。
　→10月の通知カードが到達した以降に従業員等から番号を集めることができます。集めるときには安全管理措置の実施が義務付けられています。

③日本年金機構

→漏洩事件があり、マイナンバー制度への国民の懸念が増すこととなりました。現在事件に関する調査及び問題解決についての取り組みが進められています。また、この事案を受けて各行政機関・地方公共団体はより安全管理措置に真摯に取り組むことになっていると言えるでしょう。

図30　社会保障関係の申請書等に、マイナンバーを記載して提出します
マイナンバー　社会保障・税番号制度　民間事業者の対応　平成27年5月版 P16
内閣官房・内閣府・特定個人情報保護委員会・総務省・国税庁・厚生労働省

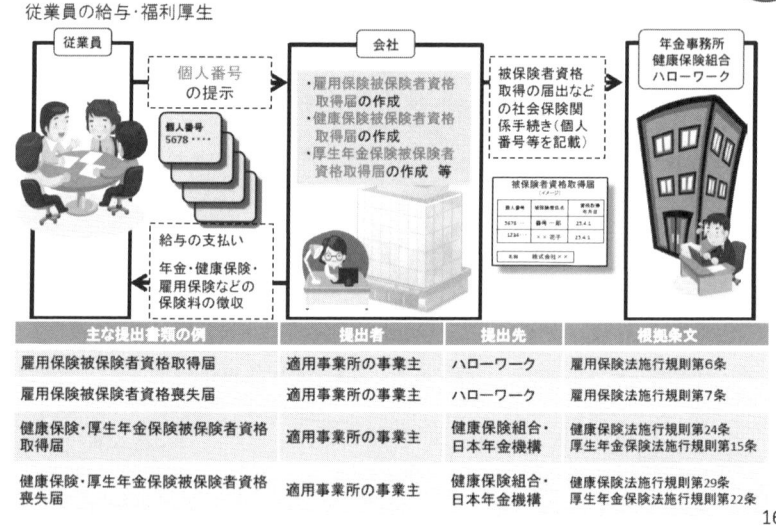

Q 43　本人確認について教えてください

■答え方の例

<基本文>

　個人番号を個人から収集する際は、明らかに本人である場合を除き、本人確認をすることとなっています。[22]

　本人確認とは、個人番号がわかるものとして通知カード、番号が記載されている住民票に加えて、写真付きの身分証明書が必要で、免許証やパスポート等が想定できます。

　平成28年1月以降に発行される番号カードは、本人の身分証明書と番号が一体となっているため、この1枚があることで本人確認をすることができます。

　なお、個人番号を求めるときは利用目的を本人に明示した上で、同意を取るようにします。

<かみくだき文>

　個人番号を集めるときは、納税や社会保険のために使ってそれ以外は使わないということを事前に本人に知らせた上で、個人番号と身分証明書を持ってきてもらいます。ただし社員さんとか雇用契約を結んでいる人は入社時など事前に確認してあれば、新たに本人確認をすることは不要です。また、家族の世帯主が家族の個人番号を持ってくる場合もその家族の身分証明は要りません。

■ポイント

①本人確認をすることとなっています。

22　あきらかに本人であるとは、雇用契約にある、同一世帯の家族である、利用事務実施者が本人であると認める場合になります

→成りすましの防止が期待されています。

②番号カードは、本人の身分証明書と番号が一体となっているため、この1枚があることで本人確認をすることができます。

→28年1月以降申請者に交付されますが、申請が集中すると発行までに時間がかかる可能性があります。予め説明しておく必要があります。

③利用目的を本人に明示した上で

→個人情報保護法が適用されます。本人に利用目的の通知と同意を求めます。しかしながら番号法は特別法であるため、本人が明らかに本人の情報ではないなどの理由以外で利用の差し止めをすることはできません。

図31　マイナンバーを従業員等から取得するときは、利用目的の明示と厳格な本人確認が必要です
マイナンバー　社会保障・税番号制度　民間事業者の対応平成27年5月版 P23
内閣官房・内閣府・特定個人情報保護委員会・総務省・国税庁・厚生労働省

マイナンバーを従業員などから取得するときは、利用目的の明示と厳格な本人確認が必要です。

利用目的はきちんと明示！

・マイナンバーを取得する際は、利用目的を特定して明示（※）する必要があります。
（例）「源泉徴収票作成事務」「健康保険・厚生年金保険届出事務」

・源泉徴収や年金・医療保険・雇用保険など、複数の目的で利用する場合は、まとめて目的を示しても構いません。

※　個人番号を取得するときは、個人情報保護法第18条に基づき、利用目的を本人に通知又は公表する。また、本人から直接書面に記載された個人番号を取得する場合は、あらかじめ、本人に対し、その利用目的を明示する。

本人確認は成りすまし防止のためにも厳格に！

・マイナンバーを取得する際は、他人の成りすまし等を防止するため、厳格な本人確認を行います。

・本人確認では、①正しい番号であることの確認（番号確認）と②手続を行っている者が番号の正しい持ち主であることの確認（身元確認）を行います。

図32 マイナンバー取得の際の本人確認では、番号確認と身元確認を行います
マイナンバー 社会保障・税番号制度 民間事業者の対応 平成27年5月版 P24
内閣官房・内閣府・特定個人情報保護委員会・総務省・国税庁・厚生労働省

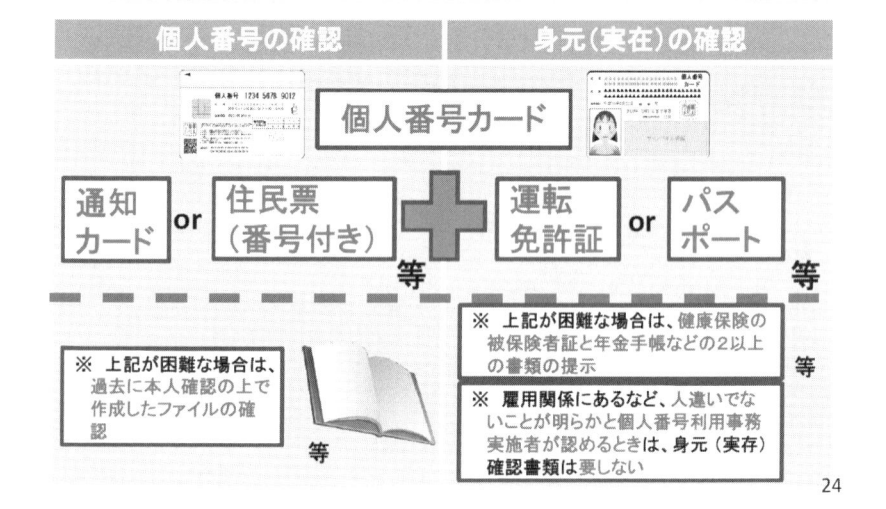

Q44　保護措置とは何ですか？

■答え方の例

<基本文>

番号法では特定個人情報の保護措置が設定されています。

<u>保護措置は特定個人情報に対しする利用制限、安全管理措置、提供制限の3つに大別されます。</u>

利用制限は、利用事務以外での番号利用禁止、安全管理措置は、定められた安全管理に関する項目の実施、提供制限は、利用事務以外での提供の禁止、利用事務が関係事務から提供を受ける、あるいは関係事務が本人等から番号を受ける場合などは、本人確認が必要であることとなどが示されています。

<かみくだき文>

マイナンバー制度で事業者には、保護措置といって、法律で定められた特定個人情報の取扱制限があることに注意してください。個人番号は大切なので、納税や社会保険の決められた業務以外で使ってはいけないですし、他の人にむやみに渡してもいけません。決められた業務で、従業員から個人番号をもらうことになりますが、もらい方にも気をつけないといけないです。特に外の人から番号をもらう時は本人の身分証明書を見せてもらうなど、本人確認をしないといけなくなってます。

そして会社での番号の集め方や保管のしかたなどを規定などに書いておく必要があります。

■ポイント

民間事業者の方に説明する時、会社として保護措置を行うべき責務があることを説明します。

利用制限と、提供制限を組織として具現化する方法が安全管理措置ですと考えても良いでしょう。

①保護措置が設定

→番号法は、行政機関等（行政機関、地方公共団体、独立行政法人等又は地方独立行政法人をいう。以下同じ。）又は事業者の別を問わず、個人番号を取り扱う全ての者に適用されます。また、個人情報保護法が適用の対象を一定の範囲の者[23]に限定しているのに対し、番号法は全ての事業者を適用の対象としています。

②保護措置は利用制限、安全管理措置、提供制限の3つに大別されます。

→個人番号は、社会保障、税及び災害対策の分野において、個人情報を複数の機関の間で紐付けるものであり、住民票を有する全ての方に一人一番号で重複のないように、住民票コードを変換して付番されます。

そのため、個人番号が悪用され、又は漏えいした場合、個人情報の不正な追跡・突合が行われ、個人の権利利益の侵害を招きかねない恐れがあります。

そこで個人情報保護法よりも厳格な保護措置が設定されています。

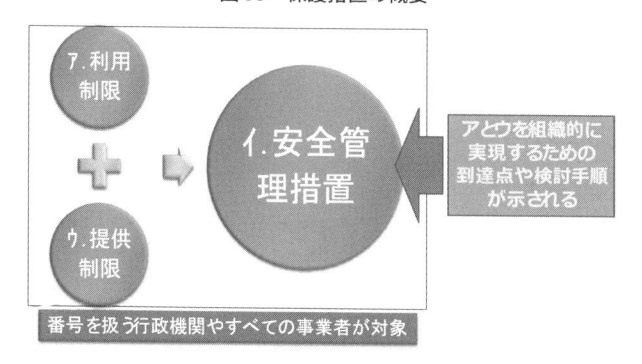

図33　保護措置の概要

ア.利用制限　＋　ウ.提供制限　→　イ.安全管理措置　←　アとウを組織的に実現するための到達点や検討手順が示される

番号を扱う行政機関やすべての事業者が対象

23　一定の範囲の者とは、個人情報取扱事業者の事で、「その事業の用に供する個人情報データベース等を構成する個人情報によって識別される特定の個人の数の合計が過去6月以内のいずれの日においても5000を超えない者とする。」とされています。個人情報保護法第2条第3項第5号の政令

Q 45　利用制限とは何ですか？

■答え方の例
＜基本文＞
　個人情報保護法では、個人情報の利用目的についてできる限り特定し、本人同意もしくは本人が知りうる状態にすることが求められ、事務の範囲についての制限はありませんでした。
　番号法においては利用範囲を限定しています。また、本来の利用目的を超えて例外的に特定個人情報を使える範囲は、個人情報保護法における場合よりも限定的に制限しています。
　また、必要な範囲を超えた特定個人情報ファイルの作成を禁止しています。

＜かみくだき文＞
　個人情報保護法と番号法の違いは、個人情報保護法は本人の了解を取った利用範囲であれば、不法行為に当たらない限り、利用対象には制限がなかったのですが、番号法では決められた事務以外では、たとえ本人の了解を得ても使ってはいけない。例えば特定個人情報のリストを社員の評価で使うために作るというのは禁止されてます。

■ポイント
①できる限り特定し・・・
→個人情報保護法は、個人情報の利用目的についてできる限り特定（個人情報保護法第15条）した上で、原則として当該利用目的の範囲内でのみ利用することができるとしています。（同法第16条）

②利用範囲を限定しています。

→番号法においては、個人番号を利用することができる範囲について、社会保障、税及び災害対策に関する特定の事務に限定しています。(番号法第9条)。また、本来の利用目的を超えて例外的に特定個人情報を利用することができる範囲について、個人情報保護法における個人情報の利用の場合よりも限定的に定めています。(番号法第29条第3項、第32条)。

③必要な範囲を超えた特定個人情報ファイルの作成を禁止しています。

→そのため、利用目的を果たした特定個人情報ファイルは速やかに廃棄する必要があります。[24](番号法第28条)

---

24 「Q47 保管と廃棄に制限があると聞きましたが？」も参照

Q 46 提供制限とは何ですか？

■答え方の例
<基本文>
　個人情報保護法における個人情報取扱事業者は、保有する個人データについて、同法の規定に基づく場合として、例えば生命や財産を保護する等の目的以外で<u>第三者に提供してはならない</u>ことになっています。
　番号法では、提供についてより限定的に定めており、特定個人情報の提供については定められた事務以外での提供を禁止しています。また、何人も特定個人情報の提供を受けることが認められている場合を除き、<u>他人に対し、個人番号の提供を求めてはならない</u>とされています。特定個人情報の収集又は保管についても同様の制限を定めています。
　なお、本人から個人番号の提供を受けることができる場合には、<u>本人確認が義務付けられています。</u>

<かみくだき文>
　番号法では使っていいと決められた業務以外の人や業務に番号を渡してはいけないとされています。また決められた業務以外で、他人に対して個人番号をくださいと言って求めてはいけません。
　決められた業務で個人から番号を教えてもらう時には、本当にその人本人であるか確認する必要があります。

■ポイント
①第三者に提供してはならない
→個人情報保護法では、第三者が勝手に個人情報を使って営業活動等をすることを防ぐために、本人同意があることを利用目的の前提としていました。番

号法では、事務が決められていて、それ以外は本人同意があっても提供できなくなりました。

　②他人に対し

　→ここで言う他人とは自己と同一の世帯に属する者以外の者を言います。

　③本人確認が義務付けられています。

　→明らかに本人であると認められる場合を除いて、本人確認が必要です。

　他人でないこと、雇用関係があって入社時等に本人確認をしていること、利用事務窓口等において本人であると認められる場合等があります。

Q 47　保管と廃棄に制限があると聞きましたが？

■答え方の例
＜基本文＞
　個人番号は、その利用目的を達成した段階で、<u>破棄することが義務付けられています。</u>
　ただし、<u>所管法令によって定められている期間</u>は、これを保持しても良いとされています。例えば、給与所得者の扶養控除申告書（異動）などは7年間の保管義務がありますので、この間保持をし、期間終了後に<u>できるだけ速やかに廃棄</u>します。

＜かみくだき文＞
　個人番号は利用する目的がなくなったらできるだけ早く廃棄してください。ただし、法律で保存が決められているものは、その保存期間が終わってからできるだけ早く廃棄するようにしてください。

■ポイント
　番号はコピーやメモなどをして持つことを取得と言います。見ただけでは取得と言いませんので、他者に見せたから法律違反とは言えませんが、
　見たものを後でメモをする等のリスクは残ります。そのため、データの破棄を確実にすること、できるだけ他者に見せないことに注意する必要があります。
　①破棄することが義務付けられています。
　→何人も、前条各号のいずれかに該当する場合を除き、特定個人情報（他人の個人番号を含むものに限る。）を収集し、又は保管してはならない。とされています。（法20条）
　②所管法令によって定められている期間

→特定個人情報を適正に取り扱うためのガイドラインでは、
それらの事務を処理する必要がなくなった場合で、所管法令において定められている保存期間を経過した場合には、個人番号をできるだけ速やかに廃棄又は削除しなければならない。とされています。[25]

③できるだけ速やかに
廃棄タイミングについては年度、もしくは定期の廃棄タイミングに組み込むことで業務に負荷がかからないことも考慮します。

図34 マイナンバーの保管（廃棄）にも制限があります
マイナンバー　社会保障・税番号制度　民間事業者の対応　平成27年5月版 P30
内閣官房・内閣府・特定個人情報保護委員会・総務省・国税庁・厚生労働省

マイナンバーの保管（廃棄）にも制限があります。

【特定個人情報の保管制限】
○法律で限定的に明記された場合を除き、特定個人情報を保管してはなりません。

【特定個人情報の収集・保管制限（廃棄）】
○法律で限定的に明記された場合を除き、特定個人情報を収集又は保管することはできないため、社会保障及び税に関する手続書類の作成事務を処理する必要がなくなった場合で、所管法令において定められている保存期間を経過した場合には、マイナンバーをできるだけ速やかに廃棄又は削除しなければなりません。

30

25　特定個人情報の適正な取り扱いに関するガイドライン　第4−3−(3) 収集・保管制限　B保管制限と廃棄

Q 48　安全管理措置とは何ですか？

■答え方の例
<基本文>

　安全管理措置とは事業者が行わなければならない保護措置の一つで、特定個人情報を取り扱う場合、ガイドライン別添に示された手順に沿って行います。

　安全管理措置別添には、組織的安全管理措置、人的安全管理措置、物理的安全管理措置、技術的安全管理措置があり、それぞれに手順と達成すべき項目が例示されています。

　同等レベルの安全管理措置は、特定個人情報の取扱を委託する場合の委託先にも適用されます。例えば税理士、社会保険労務士等納税業務や保険業務を委託している場合が考えられます。

<かみくだき文>

　番号法では、安全管理措置と言って、安全に個人情報を管理するための体制や責任者、すべきこと、教育や監督、実際に個人情報を扱う場所やシステムのセキュリティなどをガイドライン別添に合わせて見直す必要があります。税理士さんや社会保険労務士さん等に納税業務や保険業務を委託している場合は、委託先の安全管理の責任も取ることになるので、契約を含めてしっかり点検してください。

■ポイント

　安全管理措置は、責任をはっきりさせ、第三者にもわかるように文書化しておくことと、文書化されたルールを実際に行っているかどうかを記録しておき、見直しをしたり、求めに応じて監督機関に提出することができるようになっているかがポイントです。

あまり文書など使わず経営管理をしている事業者にはかなり高いハードルであることを踏まえた上で、番号法の趣旨を理解していただく必要があります。

①特定個人情報を取り扱う場合、必ず行わなければならない
→平成28年10月以降、本人から番号を収集する前、実施する必要があります。しかしながらセキュリティ措置での予算化や実施等に時間がかかることが想定される等の場合、例示されている達成すべき状態への達成までの工程や対応への意志表示を示すことから始めます。

②それぞれに手順と達成すべき項目が例示‥
→中小規模事業者では特例的な対応があります。[26]

③委託先にも適用されます。
→委託先も同じように安全管理措置を行うことを前提とし、監督を行うほか、選定の際にも前提に沿った受託事業者を選択するようにします。

図35　マイナンバーの適切な安全管理措置に組織としての対応が必要です
マイナンバー　社会保障・税番号制度　民間事業者の対応　平成27年5月版P29
内閣官房・内閣府・特定個人情報保護委員会・総務省・国税庁・厚生労働省

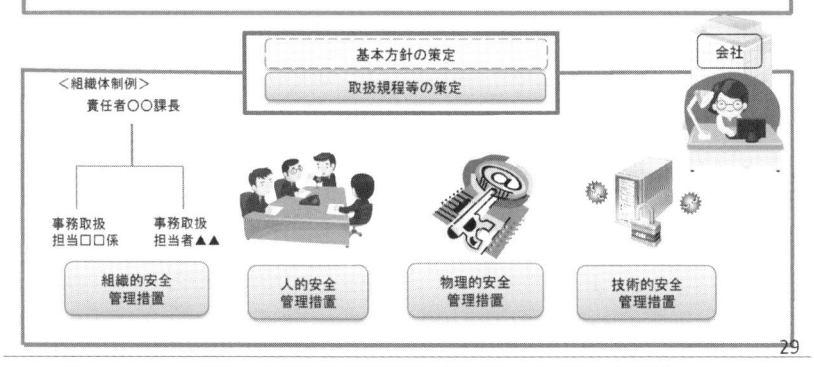

26　「Q 49　小さい会社ですが安全管理措置の対応が困難です」も参照

Q 49　小さい会社ですが安全管理措置の対応が困難です

■答え方の例
＜基本文＞
　中小規模事業者については、個人情報取扱事業者ではなく、事務で取り扱う個人番号の数量が少なく、また、特定個人情報等を取り扱う従業者が限定的であること等から、特例的な対応方法が示されています。なお、中小規模事業者が、規模にかかわらず手法の例示に記載した手法を採用することは、より望ましい対応とされています。

＜かみくだき文＞
　●●さんの会社は従業員が100人以下で、お客さんの情報も少ないのであれば、中小規模事業者として扱われます。中小規模事業者は、特例的な対応方法が示されているので、これに従うようにしてください。

■ポイント
①中小規模事業者
→中小規模事業者とは事業者のうち従業員の数が100人以下の事業者であって、次に掲げる事業者を除く事業者をいいます。
　・個人番号利用事務実施者
　・委託に基づいて個人番号関係事務又は個人番号利用事務を業務として行う事業者
　・金融分野（金融庁作成の「金融分野における個人情報保護に関するガイドライン」第1条第1項に定義される金融分野）の事業者
　・個人情報取扱事業者

②個人情報取扱事業者

→100人以下の事業者であっても、半年以内に5000を超える個人データ（特定個人情報に関わらず）を保有する場合は個人情報取扱事業者になりますので、中小規模事業者としては扱われません。

③より望ましい

→「望ましい」と記述している事項については、これに従わなかったことをもって直ちに法令違反と判断されることはありませんが、番号法の趣旨を踏まえ、事業者の特性や規模に応じ可能な限り対応することが望まれるものとされています。

Q 50　個人情報保護法との関係を教えてください

■答え方の例
＜基本文＞
　番号法は、個人情報保護法を一般法とした場合の特別法[27]とされています。
　特別法とは、個人情報保護法の特例部分を定めることが目的とされており、この部分に関しては番号法が優先されます。
　例えば、個人情報保護法では、本人の同意があれば利用目的の変更には不法行為を除き制限がありません。しかし番号法では定められた事務以外での利用は本人の同意があっても禁止です。[28]
　さらに、一般法の対象は個人情報取扱事業者ですが、番号法においては一般法での重要な保護措置が個人情報取扱事業者以外にも拡大されて適用されています。
　番号法に定められていない範囲は、個人情報保護法がそのまま適用されます。利用目的を通知する、求めに応じて開示するなどの項目はそのまま適用されます。
　番号法では、特定個人情報保護委員会に立入検査権[29]があります。これは個人情報保護法より厳格になったと言えるでしょう。

＜かみくだき文＞
　番号法は個人情報保護法の特例を決めたものです。個人情報保護法は本人が使っていい範囲を決めることができますが、番号法では決められた事務以外はたとえ本人が良いと言っても使えません。
　でも番号法にない部分は個人情報保護法で言っていることがそのまま使われます。

■ポイント
①個人情報保護法を一般法とした場合の特別法
→「④個人番号その他の特定個人情報の取扱いが安全かつ適正に行われるよう行政機関個人情報保護法、独立行政法人等個人情報保護法及び個人情報保護法の特例を定めること」とされています。[30]

②番号法に定められていない範囲
→特定個人情報の適正な取り扱いに関するガイドライン（事業者編）では以下のようにされています。

個人情報取扱事業者は、番号法第29条により適用除外となる部分を除き、特定個人情報について、一般法である個人情報保護法の規定の適用も受ける。

また、番号法においては、個人情報取扱事業者でない個人番号取扱事業者に対しても、特定個人情報に関しては、個人情報保護法に規定されている重要な保護措置に相当する規定を設けていることに留意する必要がある。具体的には、特定個人情報の目的外利用の制限（番号法第32条）、安全管理措置（同法第33条）及び特定個人情報を取り扱う従業者に対する監督義務（同法第34条）である。ただし、これらの規定は、番号法第35条各号に掲げる者については、その特定個人情報を取り扱う目的の全部又は一部が当該各号に定める特定の目的であるときには、適用されない。

③番号法では、特定個人情報保護委員会に立入検査権があります。
→漏洩等の事故があった際、委員会による立ち入りの可能性があることを説明します。

---

27 「個人情報の保護に関する法律」　平成15年　法律第五七号
28 「Q 45　利用制限とは何ですか？」の項も参照
29 「Q 16　特定個人情報保護委員会とは何ですか？」の項も参照
30 　行政手続における特定の個人を識別するための番号の利用等に関する法律
　　【逐条解説】　内閣府大臣官房マイナンバー制度担当室　第1条（目的）　解説文
　　　④参照

おわりに

　マイナンバー制度に関しては、その活用の可能性が大いに期待されている反面、セキュリティなどの懸念材料も指摘されております。これらに対応するためには自治体職員が担当であるなしに関わらず、制度の広報をすると同時に、安全管理に対して強く意識を持つことが肝要と思われます。

　非常に時間のないタイトなスケジュールですが、過去にも大きな法制度対応があり、その都度乗り越えてきた職員の方なら、きっと乗り越えられると思われますが、その際にささやかながら知識の一助になればということで急きょ書き起こしました。

　できるだけ平易にと考えましたが、法律の文書は解説文書も含めて事実関係を示すためにややもすれば固くなってしまうものをどれだけ噛み砕けるか、また、噛み砕きすぎて趣旨が見えなくなったらということで、表現には迷いました。

　まだまだ不十分、荒削りなところもありますが、現場の自治体職員の方のお力で補っていただくためのたたき台として使っていただければと思います。

　末筆ですが、全国 CIO ネットの安藤様、公人の友社の武内様には、いろいろご指導や助言を賜りました。末筆ながら御礼申し上げます。

高村弘史

著者紹介
高村　弘史（たかむら・こおし）

株式会社日本コンサルタントグループ
地域情報化支援室室長
高度ＩＣＴ利活用人材育成推進委員（総務省）
人材ＷＧ委員（APPLIC）
ＩＴコーディネータ
http://www.niccon.co.jp/
takamura@niccon.co.jp
03-5996-7412
1963年静岡県出身

　総務省行政管理局電子政府構築支援室で業務・システム最適化指針の策定及び省庁職員教育に関わる。その後同指針の教材を自治体向け教材に改編し、自治体CIO育成研修の教材への導入を支援した。自治体CIO育成研修は総務省・APPLIC共催で自治大学校にて開催され、自治体情報政策部門幹部候補生向けにＣＩＯ候補を育成する講座で、ＩＴガバナンス、投資評価、全体最適化、運用設計の4テーマで平成18年より現在まで講師を務めている。

　実務では吹田市でCIO補佐、岸和田市で基幹システム再構築、堺市でＩＴガバナンス強化、三重県でCIO補佐業務受託者などを担当し、平成27年度現在三重県市町村振興協会で三重県市町全体を対象に番号制度共同ワーキングを実施し、安全管理措置研修や窓口対応ワークなどを推進している。

　自治体のICT教育のスペシャリストとして、前述した自治体CIO育成研修の他、平成25年より現在まで、総務省自治体クラウドと情報連携を推進する研修講座の講師を担当。同講座は、自治体クラウドを活用した番号制度対応や情報連携の構築など、自治体が今後行うべき方向性や手法をテーマとしている。

　また単独団体や、都道府県、電子計算センター、民間の経営者協会などでの講演や研修も多数行っている。

《専門》
　行政職員向けICT教育、投資評価、ＩＴガバナンス　全体最適化（ＥＡ）
　　ＩＴ戦略、調達、プロジェクト管理

《参考文献等》

1. マイナンバー　社会保障・税番号制度　民間事業者の対応　平成27年5月版
（内閣官房・内閣府・特定個人情報保護委員会・総務省・国税庁・厚生労働省）
http://www.cas.go.jp/jp/seisaku/bangoseido/download/summary_zentai.pdf
2. マイナンバー　社会保障・税番号制度　民間事業者の対応　平成27年2月版
（内閣官房・内閣府・特定個人情報保護委員会・総務省・国税庁・厚生労働省）
http://www.cas.go.jp/jp/seisaku/bangoseido/pdf/h2702_gaiyou_siryou.pdf
3. マイナンバー　社会保障・税番号制度　民間事業者の対応　平成27年5月版
内閣官房・内閣府・特定個人情報保護委員会・総務省・国税庁・厚生労働省
http://www.cas.go.jp/jp/seisaku/bangoseido/download/slidejigyou_siryou.pdf
4. 特定個人情報保護評価
http://www.cas.go.jp/jp/seisaku/bangoseido/kojinjoho/
5. 特定個人情報の適正な取り扱いに関するガイドライン（事業者編）特定個人情報保護委員会
http://www.ppc.go.jp/files/pdf/261211guideline2.pdf
6. 特定個人情報の適正な取り扱いに関するガイドライン（行政機関等・地方公共団体等編）特定個人情報保護委員会
http://www.ppc.go.jp/files/pdf/261218guideline.pdf
7. 番号制度の導入と個人番号カードについて　総務省自治行政局住民制度課
https://www.j-lis.go.jp/lasdec-archive/cms/resources/content/30895/H25_03_somusyo.pdf
8. 番号カード総合サイト
https://www.kojinbango-card.go.jp/index.html
9. 行政手続における特定の個人を識別するための番号の利用等に関する法律【逐条解説】
http://www.cas.go.jp/jp/seisaku/bangoseido/pdf/chikujou.pdf
10. 個人番号を活用した今後の行政サービスのあり方に関する研究会
11. http://www.soumu.go.jp/main_sosiki/kenkyu/mynumber/
12. 公的個人認証ポータルサイト
http://www.jpki.go.jp/index.html
13. 国税庁　税務関係書類への番号記載時期
http://www.nta.go.jp/mynumberinfo/bangoukisaijiki.htm
14. 厚生労働省　社会保障・税番号制度（社会保障）

http://www.mhlw.go.jp/stf/seisakunitsuite/bunya/0000062603.html
15. 内閣官房
　　http://www.cas.go.jp/jp/seisaku/bangoseido/
16. 個人情報の保護に関する法律　消費者庁
　　http://www.caa.go.jp/planning/kojin/index.html
17. 東日本大震災による被災者、ＤＶ・ストーカー行為等・児童虐待等の被害者、一人暮らしで長期間医療機関・施設に入院・入所されている方へ
　　http://www.soumu.go.jp/kojinbango_card/08.html
18. マイナンバー法の実務Ｑ＆Ａ
　　影島広泰　藤村慎也　著　レクシスネクシス・ジャパン
19. マイナンバー制度　番号管理から住民を守る
　　白石孝　清水雅彦　著　自治体研究社
20. マイナンバー制度と企業の実務完全ガイド
　　袖山　喜久造　著　税務研究会出版局

地方自治ジャーナルブックレット No.69
自治体職員が知っておくべき
マイナンバー制度 50 項

2015 年 9 月 14 日　初版発行

　　　著　者　　高村　弘史
　　　発行人　　武内　英晴
　　　発行所　　公人の友社
　　　　　　　　〒112-0002　東京都文京区小石川 5-26-8
　　　　　　　　ＴＥＬ ０３－３８１１－５７０１
　　　　　　　　ＦＡＸ ０３－３８１１－５７９５
　　　　　　　　Ｅメール　info@koujinnotomo.com
　　　　　　　　http://koujinnotomo.com/
　　　印刷所　　倉敷印刷株式会社

韓国における地方分権改革の分析〜弱い大統領と地域主義の政治経済学
尹誠國 1,400円

自治体国際政策論〜自治体国際事務の理論と実践
楠本利夫 1,400円

自治体職員の「専門性」概念〜可視化による能力開発への展開
林奈生子 3,500円

アニメの像VS.アートプロジェクト〜まちとアートの関係史
竹田直樹 1,600円

NPOと行政の《協働》活動における「成果要因」〜成果へのプロセスをいかにマネジメントするか
矢代隆嗣 3,500円

おかいもの革命
消費者と流通販売者の相互学習型プラットホームによる低炭素型社会の創出
編著 おかいもの革命プロジェクト 2,000円

原発再稼働と自治体の選択
原発立地交付金の解剖
高寄昇三 2,200円

「地方創生」で地方消滅は阻止できるか
地方再生策と補助金改革
高寄昇三 2,400円

総合計画の新潮流
自治体経営を支えるトータル・システムの構築
監修・著 玉村雅敏
編集 日本生産性本部 2,400円

総合計画の理論と実務
行財政縮小時代の自治体戦略
編著 神原勝・大矢野修 3,400円

自治体の人事評価がよくわかる本
これからの人材マネジメントと人事評価
小堀喜康 1,400円

だれが地域を救えるのか
作られた「地方消滅」
島田恵司 1,700円

分権危惧論の検証
教育・都市計画・福祉を題材にして
嶋田暁文・木佐茂男・青木栄一・野口和雄・沼尾波子 2,000円

地方自治の基礎概念
住民・住所・自治体をどうとらえるか？
嶋田暁文・阿部昌樹・木佐茂男・太田匡彦・金井利之・飯島淳子 2,600円

松下圭一・私の仕事――著述目録
松下圭一 1,500円

2000年分権改革と自治体危機
松下圭一 1,500円

自治体財政破綻の危機・管理
加藤良重 1,400円

自治体連携と受援力
もう一国に依存できない
神谷秀之・桜井誠一 1,600円

政策転換への新シナリオ
小口進一 1,500円

住民監査請求制度の危機と課題
田中孝男 1,500円

政府財政支援と被災自治体財政
東日本・阪神大震災と地方財政
高寄昇三 1,600円

震災復旧・復興と「国の壁」
神谷秀之 2,000円

自治体財政のムダを洗い出す
財政再建の処方箋
高寄昇三 2,300円

[自治体危機叢書]

[私たちの世界遺産]

No.1 持続可能な美しい地域づくり
五十嵐敬喜他 1,905円

No.2 地域価値の普遍性とは
五十嵐敬喜・西村幸夫 1,800円

No.3 世界遺産登録・最新事情
長崎・南アルプス
五十嵐敬喜・西村幸夫 1,800円

No.4 新しい世界遺産の登場
南アルプス[自然遺産]九州・山口[近代化遺産]
五十嵐敬喜・西村幸夫・岩槻邦男・松浦晃一郎 2,000円

[別冊] No.1 ユネスコ憲章と平泉・中尊寺供養願文
五十嵐敬喜・佐藤弘弥 1,200円

[別冊] No.2 平泉から鎌倉へ
鎌倉は世界遺産になれるか?!
五十嵐敬喜・佐藤弘弥 1,800円

[地域ガバナンスシステム・シリーズ]
（龍谷大学地域人材・公共政策開発システム・オープン・リサーチセンター(LORC)…企画・編集）

- No.1 市場と向き合う自治体　小西砂千夫・稲澤克祐　1,000円
- No.2 地域人材を育てる自治体研修改革　土山希美枝　900円
- No.3 公共政策教育と認証評価システム　坂本勝　1,100円
- No.4 暮らしに根ざした心地よいまちのためのガイドブック　坂本勝　1,100円
- No.5 持続可能な都市自治体づくり　白石克孝、監訳：的場信敬　1,100円
- No.6 英国における地域戦略パートナーシップ　編：白石克孝、監訳：的場信敬　900円
- No.7 マーケットと地域をつなぐパートナーシップ　編：白石克孝、著：園田正彦　1,000円
- No.7 政府・地方自治体と市民社会の戦略的連携　的場信敬　1,000円
- No.8 多治見モデル　大矢野修　1,400円
- No.9 市民と自治体の協働研修ハンドブック　土山希美枝　1,600円
- No.10 行政学修士教育と人材育成　坂本勝　1,100円
- No.11 アメリカ公共政策大学院の認証評価システムと評価基準　早田幸政　1,200円
- No.12 イギリスの資格履修制度　資格を通しての公共人材育成　小山善彦　1,000円
- No.14 炭を使った農業と地域社会の再生　市民が参加する地球温暖化対策　井上芳恵　1,400円
- No.15 対話と議論で〈つなぎ・ひきだす〉ファシリテート能力育成ハンドブック　土山希美枝・村田和代・深尾昌峰　1,200円
- No.16 「質問力」からはじめる自治体議会改革　土山希美枝　1,100円
- No.17 東アジア中山間地域の内発的発展　日本・韓国・台湾の現場から　清水万由子・尹誠國・谷垣岳人・大矢野修　1,200円
- No.18 カーボンマイナスソサエティ　クルベジでつなぐ環境、農業、地域社会　編著：定松功　1,100円

[北海道自治研ブックレット]

- No.1 議会基本条例の展開　その後の栗山町議会を検証する　橋場利勝・中尾修・神原勝　1,200円
- No.2 市民・自治体・政治　再論・人間型としての市民　松下圭一　1,200円
- No.3 福島町の議会改革　議会基本条例＝開かれた議会づくりの集大成　溝部幸基・石堂一志・中尾修・神原勝　1,200円
- No.4 議会改革はどこまですすんだか　改革8年の検証と展望　神原勝・中尾修・江藤俊昭・廣瀬克哉　1,200円

[単行本]

- フィンランドを世界一に導いた100の社会改革　編著　イルカ・タイパレ　訳　山田眞知子　2,800円
- 公共経営学入門　編著　ボーベル・ラフラー　訳　みえガバナンス研究会　2,500円
- 変えよう地方議会　〜3・11後の自治に向けて　監修　稲澤克祐、紀平美智子　2,500円
- 自治体職員研修の法構造　田中孝男　2,800円
- 自治基本条例は活きているか?!　〜ニセコ町まちづくり基本条例の10年　編　木佐茂男・片山健也・名塚昭　2,000円
- 国立景観訴訟〜自治が裁かれる　編著　五十嵐敬喜・上原公子　2,800円
- 成熟と洗練　〜日本再構築ノート　松下圭一　2,500円
- 地方自治制度「再編論議」の深層　監修　木佐茂男　青山彰久・国分高史　1,500円

No.62 地方公務員給与は高いのか
非正規職員の正規化をめざして
著：高寄昇三・山本正憲　1,200円

No.63 大阪市廃止・特別区設置の制度設計案を批判する
いま、なぜ大阪市の消滅なのかPart2
編著：大阪自治を考える会　1,200円

No.64 自治体学とはどのような学か
森啓　1,200円

No.65 通年議会の〈導入〉と〈廃止〉
長崎県議会による全国初の取り組み
松島完　900円

No.66 平成忠臣蔵・泉岳寺景観の危機
吉田朱音・牟田賢明・五十嵐敬喜　800円

No.67 いま一度考えたい
大阪市の廃止・分割
その是非を問う住民投票を前に
編著：大阪自治を考える会　926円

No.68 地域主体のまちづくりで
「自治体職員」が重視すべきこと
事例に学び、活かしたい5つの成果要因
矢代隆嗣　800円

No.69 自治体職員が知っておくべき
マイナンバー制度50項
髙村弘史　1,200円

[福島大学ブックレット
21世紀の市民講座]

No.1 外国人労働者と地域社会の未来
著：桑原靖夫・香川孝三
編：坂本恵　900円

No.2 自治体政策研究ノート
今井照　900円＊

No.3 住民による「まちづくり」の作法
今西一男　1,000円

No.4 格差・貧困社会における市民の権利擁護
金子勝　900円

No.5 法学の考え方・学び方
リーガルにおける「秤」と「剣」
富田哲　900円

No.6 今なぜ権利擁護か
ネットワークの重要性
高野範城・新村繁文　1,000円

No.7 小規模自治体の可能性を探る
保母武彦・菅野典雄・佐藤力・竹内是俊・松野光伸　1,000円

No.8 小規模自治体の生きる道
連合自治の構築をめざして
神原勝　900円

No.9 文化資産としての美術館利用
地域の教育・文化的生活に資する方法研究と実践
辻みどり・田村奈保子・真歩仁しょうん　900円

No.10 フクシマで"日本国憲法〈前文〉"を読む
家族で語ろう憲法のこと
金井光生　1,000円

[京都府立大学
京都政策研究センターブックレット]

No.1 地域貢献としての「大学発シンクタンク」
京都政策研究センター（KPI）の挑戦
編著：青山公三・小沢修司・杉岡秀紀・藤沢実　1,000円

No.2 もうひとつの「自治体行革」
住民満足度向上へつなげる
編著：青山公三・小沢修司・杉岡秀紀・藤沢実　1,000円

No.3 地域力再生とプロボノ
行政におけるプロボノ活用の最前線
編著：杉岡秀紀
著：青山公三・鈴木康久・山本伶奈　1,000円

[TAJIMI CITY
ブックレット]

No.2 転型期の自治体計画づくり
松下圭一　1,000円

No.3 これからの行政活動と財政
西尾勝　1,000円（品切れ）

No.4 構造改革時代の手続的公正と第二次分権改革
鈴木庸夫　1,000円

No.5 自治基本条例はなぜ必要か
辻山幸宣　1,000円

No.6 自治のかたち、法務のすがた
天野巡一　1,100円

No.7 自治体再構築における行政組織と職員の将来像
今井照　1,100円

No.8 持続可能な地域社会のデザイン
植田和弘　1,000円

No.9 「政策財務」の考え方
加藤良重　1,000円

No.10 市場化テストをいかに導入するべきか
竹下譲　1,000円

No.27 少子高齢化社会における福祉のあり方 山梨学院大学行政研究センター 1,200円

No.28 財政再建団体 橋本行史 1,000円

No.29 交付税の解体と再編成 高寄昇三 1,000円（品切れ）

No.30 町村議会の活性化 山梨学院大学行政研究センター 1,200円

No.31 地方分権と法定外税 外川伸一 800円

No.32 東京都銀行税判決と課税自主権 高寄昇三 1,200円

No.33 都市型社会と防衛論争 松下圭一 900円

No.34 中心市街地の活性化に向けて 山梨学院大学行政研究センター 1,200円

No.35 自治体企業会計導入の戦略 高寄昇三 1,100円

No.36 行政基本条例の理論と実際 神原勝・佐藤克廣・辻道雅宣 1,100円

No.37 市民文化と自治体文化戦略 松下圭一 800円

No.38 まちづくりの新たな潮流 山梨学院大学行政研究センター 1,200円

No.39 ディスカッション三重の改革 中村征之・大森弥 1,200円

No.40 政策調査費 宮沢昭夫 1,200円（品切れ）

No.41 市民自治の制度開発の課題 山梨学院大学行政研究センター 1,200円

No.42 《改訂版》自治体破たん・「夕張ショック」の本質 橋本行史 1,200円＊

No.43 分権改革と政治改革 西尾勝 1,200円

No.44 自治体人材育成の着眼点 浦野秀一・井澤壽美子・野田邦弘・西村浩・三関浩司・杉谷戸知也・坂口正治・田中富雄 1,200円

No.45 シンポジウム障害と人権 橋本宏子・森田明・湯浅和恵・池原毅和・青木九馬・澤静子・佐々木久美子 1,400円

No.46 地方財政健全化法で財政破綻は阻止できるか 高寄昇三 1,200円

No.47 地方政府と政策法務 加藤良重 1,200円

No.48 政策財務と地方政府 加藤良重 1,400円

No.49 政令指定都市がめざすもの 高寄昇三 1,400円

No.50 良心的裁判員拒否と責任ある参加 市民社会の中の裁判員制度 大城聡 1,000円

No.51 討議する議会 自治体議会学の構築をめざして 江藤俊昭 1,200円

No.52【増補版】大阪都構想と橋下政治の検証 府県集権主義への批判 高寄昇三 1,200円

No.53 虚構・大阪都構想への反論 橋下ポピュリズムと都市主権の対決 編著：所沢市自治基本条例を育てる会 1,200円

No.54 大阪市存続・大阪都粉砕の戦略 地方政治とポピュリズム 高寄昇三 1,200円

No.55 「大阪都構想」を越えて 問われる日本の民主主義と地方自治（社）大阪自治体問題研究所 1,200円

No.56 翼賛議会型政治・地方民主主義への脅威 地域政党と地方マニフェスト 高寄昇三 1,200円

No.57 なぜ自治体職員にきびしい法遵守が求められるのか 加藤良重 1,200円

No.58 東京都区制度の歴史と課題 都区制度問題の考え方 著：栗原利美、編：米倉克良 1,400円

No.59 七ヶ浜町（宮城県）で考える「震災復興計画」と住民自治 編著：自治学会東北YP 1,400円

No.60 市民が取り組んだ条例づくり 市長・職員・市議会とともにつくった所沢市自治基本条例 編著：所沢市自治基本条例を育てる会 1,400円

No.61 いま、なぜ大阪市の消滅なのか 「大都市地域特別区法」の成立と今後の課題 編著：大阪自治を考える会 800円

「官治・集権」から「自治・分権」へ

市民・自治体職員・研究者のための

自治・分権テキスト
《出版図書目録》

公人の友社

[法政大学人間環境学部サステイナビリティ・ブックレット]

No.1 生業と地域社会の復興を考える
宮城県石巻市北上町の事例から
編著：西城戸誠・平川全機　900円

[地方自治ジャーナルブックレット]

No.10 自治体職員の能力
自治体職員能力研究会　971円

No.11 パブリックアートは幸せか
山岡義典　1,166円

No.12 市民が担う自治体公務
パートタイム公務員論研究会　1,359円

No.14 上流文化圏からの挑戦
山梨学院大学行政研究センター　1,166円

No.15 市民自治と直接民主制
高寄昇三　951円

No.16 議会と議員立法
上田章・五十嵐敬喜　1,600円

No.17 分権段階の自治体と政策法務
山梨学院大学行政研究センター　1,456円

No.18 地方分権と補助金改革
高寄昇三　1,200円

No.19 分権化時代の広域行政
山梨学院大学行政研究センター　1,200円

No.20 あなたの町の学級編成と地方分権
田嶋義介　1,200円

No.22 ボランティア活動の進展と自治体の役割
山梨学院大学行政研究センター　1,200円

No.23 新版 2時間で学べる「介護保険」
加藤良重　800円

No.24 男女平等社会の実現と自治体の役割
山梨学院大学行政研究センター　1,200円

No.25 市民がつくる東京の環境・公害条例
市民案をつくる会　1,000円

No.26 東京都の「外形標準課税」はなぜ正当なのか
青木宗明・神田誠司　1,000円